# PALAVRAS QUE PERMANECEM

## Profecias a posteriori

### Volume I

Dom Demétrio Valentini

# PALAVRAS QUE PERMANECEM

## Profecias a posteriori

### Volume I

**Dados Internacionais de Catalogação na Publicação (CIP)**
**(Câmara Brasileira do Livro, SP, Brasil)**

Valentini, Demétrio
  Palavras que permanecem : profecias a posteriori / Dom Demétrio
Valentini. – São Paulo : Paulinas, 2017. – (Coleção memória)

  ISBN: 978-85-356-4264-3

  1. Crônicas 2. Debates 3. Escritos em homenagem 4. Parábolas 5.
Reflexões I. Título II. Série.

17-01054                                                    CDD-248.4

**Índice para catálogo sistemático:**
1. Mensagens : Vida cristã     248.4

1ª edição – 2017

Direção-geral:
*Bernadete Boff*

Editora responsável:
*Vera Ivanise Bombonatto*

Copidesque:
*Mônica Elaine G. S. da Costa*

Coordenação de revisão:
*Marina Mendonça*

Revisão:
*Sandra Sinzato*

Gerente de produção:
*Felício Calegaro Neto*

Capa e diagramação:
*Manuel Rebelato Miramontes*

*Nenhuma parte desta obra poderá ser reproduzida ou transmitida por qualquer forma e/ou quaisquer meios (eletrônico ou mecânico, incluindo fotocópia e gravação) ou arquivada em qualquer sistema ou banco de dados sem permissão escrita da Editora. Direitos reservados.*

**Paulinas**
Rua Dona Inácia Uchoa, 62
04110-020 – São Paulo – SP (Brasil)
Tel.: (11) 2125-3500
http://www.paulinas.org.br – editora@paulinas.com.br
Telemarketing e SAC: 0800-7010081
© Pia Sociedade Filhas de São Paulo – São Paulo, 2017

# Sumário

Apresentação ......................................................................... 11

Introdução ............................................................................ 15

## PARÁBOLAS

A parábola dos peixes .......................................................... 19

A parábola do Rio de Janeiro ............................................... 21

A parábola dos balões .......................................................... 23

## HOMENAGENS

Centenário de Dom Helder ................................................... 29

Dom Aloísio Lorscheider ...................................................... 32

Dom Ivo Lorscheiter ............................................................ 37

Dom Luciano Mendes de Almeida ....................................... 40

Dom Clemente Isnard ........................................................... 43

Dom Tomás e Dom Waldyr ................................................... 46

Dom Paulo, bispo amigo e solidário .................................... 49

Solidariedade a Dom Pedro Casaldáliga .............................. 52

# CRÔNICAS

Lembranças de um dia feliz ........................ 57

Os cuidados do UBS (Cuidado com o UBS!) ...................... 60

A tragédia de Santa Maria .......................... 64

Três túmulos .......................... 67

Argentina – Capital Rio de Janeiro ...................... 70

Homenagem ao esporte .......................... 73

Onde nasce o sol .......................... 77

Muros que dividem .......................... 80

## À LUZ DA ÉTICA

O susto da clonagem .......................... 85

A urgência da ética .......................... 88

Tráfico humano .......................... 91

Órgãos: tráfico e doação .......................... 94

Cidadania universal .......................... 97

Bíblia e direitos humanos .......................... 100

Código Florestal .......................... 103

Planeta Terra: preocupações .......................... 106

Terráqueos inveterados .......................... 109

## FÉ E POLÍTICA

Eleições 2010: desmonte de uma falácia .......................... 115

O país do futebol .......................... 118

Indispensável discernimento...... 120

Desenvolvimento sustentável...... 122

Fraternidade e cidadania...... 125

Recado das urnas...... 128

Estado a serviço da nação...... 130

Espaço para os agricultores...... 133

Cuba e Estados Unidos...... 136

Fidel e o Papa...... 139

Um grito oportuno e responsável...... 142

Jesus e as multidões...... 145

Ladeira acima e ladeira abaixo...... 148

O Brasil que queremos...... 151

Pacto federativo...... 154

Urgência da reforma política...... 157

Liberdade religiosa e dignidade humana...... 160

Recomeçou o jogo...... 163

Santidade e política...... 165

Clamor pela paz...... 168

A Teologia da Libertação...... 171

## FÉ E CULTURA

Carnaval e juventude...... 175

Páscoa: sintonia e coerência...... 178

Domingo esperado...... 181

A cruz: equívocos de interpretação...... 184

Sincronizar os calendários ....................................... 187

Consciência negra .................................................. 190

Diálogo entre as culturas ........................................ 192

Fé cristã e cultura ocidental ................................... 195

Humanizar a fé ..................................................... 198

Manchetes de Natal ............................................... 201

Nomes cristãos, vocação brasileira .......................... 204

O Evangelho de Aparecida ...................................... 206

As religiões a serviço da paz .................................. 209

Consciência de nação ............................................. 212

A Copa ............................................................... 215

Corpo e mente ...................................................... 218

Médicos e padres ................................................... 221

Nhá Chica ........................................................... 224

Sede do mistério ................................................... 227

Via *Pulchritudinis* .............................................. 229

### IGREJA E SOCIEDADE

A CNBB e a Constituinte ........................................ 235

Igreja e sociedade ................................................ 237

Fome no mundo ..................................................... 239

Vínculos eclesiais ................................................. 242

Uma diocese chamada Jales .................................... 245

Belém: terra do pão .............................................. 248

Sob o signo de Bento ............................................ 250

# IGREJA EM RENOVAÇÃO

Revisitar o Concílio ......................................................... 255

Abrangência do Concílio ................................................ 258

Concílio: sob o signo da alegria e da esperança ............ 261

Igreja da América Latina ............................................... 264

Ousadia ecumênica ........................................................ 267

Religiões ........................................................................ 270

Teologia: a necessária reflexão ..................................... 273

Diálogo inter-religioso .................................................. 276

Alargar os horizontes .................................................... 279

André e Pedro ................................................................ 282

O horizonte da missão ................................................... 285

O peso dos séculos ........................................................ 288

Passado e presente ........................................................ 291

Mudança de estação ...................................................... 294

Pressa e preguiça ........................................................... 297

## O PAPA EM DESTAQUE

A renúncia do Papa ....................................................... 303

A força de uma renúncia ............................................... 306

Sede vacante .................................................................. 309

O conclave ..................................................................... 312

Habemus Papam ............................................................ 315

Papa João e Papa Francisco .......................................... 318

Papa Francisco: dos gestos aos fatos ............................ 321

O Papa e a Páscoa ...... 324

Aprendiz de Papa ...... 327

## A FAMÍLIA

O Sínodo e a família ...... 333

Alerta às famílias ...... 336

Oportunidade para os jovens ...... 338

Nova tragédia ...... 341

Valores a transmitir ...... 344

Vovôs e vovós ...... 347

## CONJUNTURA

2012: cinquenta anos atrás ...... 353

Concílio e identidade latino-americana ...... 356

Perspectivas históricas ...... 359

2011: quem paga a conta? ...... 362

## EVANGELHO E VIDA

Sob o signo da alegria ...... 367

Insistência do Evangelho ...... 370

Portas abertas ...... 373

Tempo propício ...... 376

O fim dos tempos ...... 378

As prostitutas e o Evangelho ...... 381

Iminente e eminente ...... 384

Será a idade? ...... 387

# Apresentação

Dom Luiz Demétrio Valentini, bispo emérito de Jales, não enterrou nenhum dos talentos que recebeu de Deus. Como na parábola do Evangelho, foi diligente e operoso. Soube arriscar-se, sempre que preciso, e colocou-se com destemor na linha de frente das batalhas pelo Reino: "O empregado que havia recebido cinco talentos saiu logo, trabalhou com eles e lucrou outros cinco" (Mt 25,16).

Decidiu agora que sua reflexão de tantos anos, cotidiana para o rádio e semanal para o jornal, sobre acontecimentos, pessoas e questões candentes do país e da Igreja, até então confinada a meios de comunicação locais da diocese, ganhasse um público mais vasto, seguindo a recomendação evangélica: "Ninguém acende uma lâmpada para colocá-la debaixo de uma vasilha, e sim para colocá-la no candeeiro, onde ela brilha para todos os que estão na casa" (Mt 5,15).

Mais do que isso, Mateus fala que "não pode ficar escondida uma cidade construída sobre um monte" (Mt 5,14). Jales, na realidade, não está situada em nenhum monte que a tornasse visível, mas, como a Nazaré ignorada e mesmo desprezada dos tempos de Jesus, Dom Demétrio soube alçá-la a ponto de referência nacional e mesmo continental. Nisso, secundou a trajetória de outras cidades que ganharam altura e relevância pela atuação profética de seus pastores: Santa Maria, no Rio Grande do Sul, de onde veio por oito anos para a secretaria geral e por outros oito anos para a presidência da CNBB, a figura forte e decidida de Dom Ivo Lorscheiter; Goiás, no estado de Goiás, cujo bispo, Dom Tomás Balduíno, capitaneou as lutas em favor dos povos indígenas, operou incansavelmente por terra para quem trabalha, pela reforma agrária e esteve à frente da fundação e consolidação do Cimi (Conselho Indigenista Missionário) e da CPT (Comissão Pastoral da Terra); São Félix do Araguaia, onde o bispo Pedro Casaldáliga, poeta e profeta, batalhou incansavelmente pelos seus queridos Tapirapé e pelos demais povos indígenas de sua Prelazia e de todo o Brasil, denunciou o latifúndio e sua violência secular contra posseiros e ribeirinhos e tornou-se o símbolo da luta pela grande pátria latino-americana, na denúncia de todos os imperialismos e na entranhada solidariedade com os pequenos e perseguidos, alentando-os na sua resistência, alicerçados numa esperança militante.

Dom Demétrio intitulou "Homenagens" um dos doze blocos em que agrupou seus artigos: Parábolas, Homenagens, Crônicas, À luz da ética, Fé e Política, Fé e Cultura, Igreja e Sociedade, Igreja em renovação, O Papa em destaque, A Família, Conjuntura, Evangelho e Vida.

Em "Homenagens", são relembrados esses bispos acima, ao lado de Dom Aloísio Lorscheider, Dom Paulo Evaristo Arns, Dom Waldyr Calheiros, Dom Clemente Isnard e Dom Luciano Mendes de Almeida. Dom Demétrio é da estirpe desses bispos que, inspirados na audácia de João XXIII e do Vaticano II, souberam tornar palpáveis e concretas as opções maiores do Concílio e de Medellín, em favor das necessárias e urgentes transformações da realidade latino-americana e da inarredável solidariedade com os pobres e pequenos nas suas lutas por justiça e libertação.

De acontecimentos aparentemente menores e corriqueiros, Dom Demétrio sabe extrair lições de grande alcance e profundidade, como na parábola dos balões. Serviram para fazer subir aos céus a imagem da Virgem Maria, na festa da Assunção, padroeira da diocese. No ano seguinte, para celebrar o jubileu do Vaticano II, quis-se repetir a bem-sucedida experiência, mas faltou gás nos balões, que não conseguiam elevar o quadro de João XXIII, o Papa do Concílio. Aliviaram o peso da tela, tirando-lhe a moldura e então os balões alçaram voo. A reflexão veio certeira: "A tentação permanece a mesma: diminuir o peso. Diminuir o alcance do Concílio, esquecer suas grandes intuições pastorais, neutralizar seu grande impulso de renovação eclesial, reduzi-lo a um episódio isolado e fazer de conta que ele nem aconteceu".

Suas crônicas são cheias de vivacidade e vêm acompanhadas de reflexão aguda, que passeia com profundidade pelo campo da ética, da política, do sentido da vida, das relações familiares e sociais. Seu senso crítico não é carrancudo e vem acompanhado sempre de uma pitada de humor e, por vezes, de fina ironia. Os artigos brotam do cotidiano, mas com um convite constante para ultrapassá-lo, situando-o num horizonte maior de empenho pela humanização das pessoas e da sociedade, pela instauração da justiça e da solidariedade.

A pequena estatura, sua proverbial modéstia, jovialidade e espírito de serviço não deixam perceber, à primeira vista, a grandeza de alma, o espírito alerta, a inteligência penetrante e brilhante, a constância na adversidade, a coragem e o destemor que habitam sua frágil figura. Não deixam suspeitar sua atuação decisiva em momentos delicados da vida da CNBB, como quando foi destacado pela Assembleia, em 17 de abril de 1996, para representá-la no local do massacre de dezenove lavradores sem-terra, em Eldorado dos Carajás, no estado do Pará, e levar palavra de denúncia, consolo e solidariedade às famílias enlutadas. Como responsável pelo Setor da Pastoral Social da CNBB e, por quatro mandatos consecutivos, como presidente da Cáritas Nacional, deve-se a ele o papel protagônico assumido pela entidade na promoção e animação, com outras entidades da sociedade civil, das Semanas Sociais Brasileiras, um marco no processo de se pensar o país e as grandes questões que afetam a vida do povo e da nossa sociedade: "O mundo do trabalho – Desafios e Perspectivas", tema da I Semana (1991); "O Brasil que a gente quer", tema da II semana (1993-1994); "As Dívidas Sociais", tema da III semana (1997-1999); o "Mutirão por um novo Brasil", tema da IV semana (2004-2006) e "O Estado que temos e o Estado que queremos", tema da V semana (2013).

Dom Demétrio desempenhou papel fundamental nas Conferências do Episcopado Latino-americano, servindo tanto na IV Conferência em Santo Domingo (1992) como no Sínodo da América, em Roma (1997), e na V Conferência em Aparecida (2007), de elo entre os bispos delegados e um grupo de teólogos e teólogas de toda a América Latina e do Caribe, que, sob a égide da Ameríndia, prestaram relevante serviço a essas conferências e Sínodo. Em Roma, foi eleito pelos demais padres sinodais membro da Comissão permanente do Sínodo.

Obrigado, Dom Demétrio, por esta lição de vida comprometida, espelhada nos seus artigos; vida que não se deixa abater por adversidades e ventos contrários, que contribui para a inteligência das coisas e das pessoas, das ideologias e falácias da moda e da mídia, que sabe celebrar as alegrias simples na esfera do cotidiano, animada sempre por uma teimosa esperança que nos vem da fé e daquele que nos anima e sustenta sempre: "Não temas, pequenino rebanho..." (Lc 12,32).

*Pe. José Oscar Beozzo*
*Vigário da Paróquia São Benedito em Lins, SP*
*Coordenador-geral do Centro Ecumênico de Serviços*
*à Evangelização e Educação Popular/CESEEP*

# Introdução

Este livro traz uma centena de artigos selecionados entre milhares, escritos semanalmente ao longo de trinta anos. A data situa cada um no contexto em que foi escrito, no tema que aborda e na forma que assume.

São vistos como "profecias *a posteriori*", pois, trazidos depois dos acontecimentos que os motivaram, renovam sua validade, ao possibilitarem um novo confronto com os fatos acontecidos.

Agrupados por semelhanças de tema e de contexto, apresentam-se em forma de parábolas, homenagens, crônicas, reflexões e debates que fazem incidir sobre a realidade, à luz dos critérios éticos e dos valores evangélicos, na perspectiva da missão da Igreja.

Lidos aleatoriamente, espero que proporcionem uma compreensão mais adequada dos fatos abordados, com esta luz projetada de novo sobre eles.

*Dom Demétrio Valentini*
*Bispo Emérito de Jales*

# Parábolas

# A parábola dos peixes

(Por ocasião da primeira reunião de pastoral,
realizada num rancho à beira da represa de Ilha Solteira,
ao chegar na diocese de Jales, em 1982)

À margem do rio estavam os peixes, reunidos, aguardando a chegada do novo chefe, que vinha de outras águas.

A longa demora os deixara na expectativa. Quem seria, qual seu jeito, como nadava?

Ao chegar, todos ficaram felizes. Tinham um chefe. Tão prontos estavam em obedecer, que até manifestaram sua incondicional adesão:

– Nadaremos como você mandar!

E lhe puseram a grande questão:

– Como você quer que nademos?

Foi então que o chefe fez a proposta, que deixou a resposta em suspenso:

– Vamos à outra margem, que a lição será dada!

E todos adentraram o rio. O mergulho nas águas fazia bem a todos. Enquanto o chefe ia reconhecendo o seu novo ambiente, todos prosseguiam no alegre alvoroço da travessia.

Na verdade, alguns preferiram barcos, valendo-se de remos. Tinham até preparado, com estima, um lugar para o chefe.

À medida que avançavam, mais se sentiam à vontade. E o chefe, não dizendo nada, nadava! Também dos barcos começaram a se jogar nas águas.

Ao se aproximarem do meio do estuário, sentiam todos que este era o seu rio, ali estava a sua vida. A profundidade os atraía para novos mergulhos. E a pergunta inicial já não era a grande questão. Todos nadavam!

Do barco outros perguntaram se também podiam nadar. A resposta parecia evidente. Bastava olhar o cardume. Mas o chefe reforçou o convite:

– É só se lançar! Para nadar, é preciso estar dentro da água. O rumo, é só seguir o leito.

Assim os grupos reforçam o cardume.

– Venham todos, especialmente os que se encontram nas margens, onde as iscas escondem anzóis, e as águas estão trançadas de redes. Vamos em frente, descendo em profundidade, que o mar está próximo. Lá não haverá mais pesca, as águas são límpidas e infinitas, e a liberdade será total.

O cardume foi deslizando célere. A alegre questão de todos passou a ser a busca da vida e a fantasia do mar infinito.

# A parábola do Rio de Janeiro

**(Por ocasião do Encontro Mundial das Famílias,
no Rio de Janeiro)**

Em todas as viagens do Papa João Paulo II, ele nunca permaneceu tanto tempo num mesmo lugar como desta vez no Rio de Janeiro. Hospedado no alto do Sumaré, de onde se descortinam os variados panoramas de uma cidade que a natureza ornou com exuberância, o Papa ficou encantado com tanta beleza e assumiu sem problema a afirmação de uma das muitas saudações de boas-vindas que enfeitavam as ruas: "Se Deus é brasileiro, o Papa, com certeza, é carioca".

A beleza do Rio inspirou ao Papa uma parábola, que traduz de maneira sintética as pregações de sua visita. Foi no Rio-Centro, ao concluir o Congresso teológico sobre a família. De improviso, falando um português cujas palavras ele precisava selecionar entre muitas línguas que usa, João Paulo II se referiu à arquitetura. Tanto encanto e beleza eram frutos em primeiro lugar de uma arquitetura divina. Mas o Rio era também fruto de arquitetura humana. Assim como a família, fruto de um projeto divino, mas também realização humana. E aí o Papa introduziu outra comparação, que mostra bem o quanto ele vincula sempre todos os assuntos com a dimensão social. "O arquiteto faz casa. A família precisa de casa."

Dentro desta parábola, podemos situar todos os ensinamentos do Papa. Eles têm um referencial que os colocam numa hierarquia de valores. Em primeiro lugar os desígnios divinos, a arquitetura divina. Reencontrar e seguir estes desígnios é o caminho mais seguro para acertarmos o rumo.

Em segundo lugar, a participação humana, a arquitetura humana. Todos os assuntos da fé têm uma dimensão humana, que os situam historicamente e os condicionam. Existe o espaço para a liberdade humana, que necessita se valer dos critérios divinos e da graça de Deus para se realizar com êxito. Este espaço humano possui sempre uma dimensão social, que é componente intrínseco à condição humana. A família, por exemplo, é comunidade de pessoas, mas que necessitam de casa para terem ambiente para seu relacionamento estável e duradouro.

A parábola do Rio de Janeiro pode nos deixar um critério para situar tudo o que o Papa falou sobre a família, com os complexos assuntos que ela envolve. Quais os desígnios de Deus, qual a dimensão humana e qual a necessária condição social para que a arquitetura esteja de acordo com o grande projeto que somos chamados a realizar, em parceria com Deus e com a sociedade.

Com esta parábola podemos inserir também todos os outros assuntos que fazem parte do grande cabedal da fé cristã, que nos identifica com o povo brasileiro, e que a presença do Papa veio nos estimular a preservar e a assumir com mais convicção.

# A parábola dos balões

Foi por ocasião da romaria diocesana. O esforço de encontrar símbolos que ajudassem o povo a compreender melhor o tema da celebração resultou na boa ideia de visualizar a Assunção de Maria, fazendo seu quadro subir lentamente para o espaço, acompanhado pelo olhar da multidão congregada na praça da Catedral.

O expediente encontrado foi simples e de fácil realização. Foram enchidos alguns balões, com gás especial. Trançados uns aos outros, somavam impulso suficiente para levar ao alto o quadro bonito de Maria.

E assim aconteceu. Cortado o fio invisível que os retinha, foram rapidamente subindo, levando junto o quadro de Maria. Por sorte, a brisa era suave e soprava em direção ao povo. De tal modo que o quadro ia subindo bem sobre a multidão, que contemplava extasiada a cena, com a sensação de que Maria abençoava a todos, enquanto ia subindo, lenta e firmemente, até desaparecer "nas alturas celestes".

Pronto! Estava encenada a Assunção de Maria, de maneira bem visual e impressionante.

A cena bem-sucedida num ano inspirou a ideia para o ano seguinte. Mas não deu muito certo!

Dessa vez, tratava-se de celebrar o jubileu do Concílio Vaticano II. A ideia dos balões foi logo aceita, dada a experiência positiva do ano anterior. Pensou-se de simbolizar o deslanche da renovação eclesial, proposta pelo Concílio, idealizado por João XXIII.

Os balões se incumbiriam, então, de levar ao alto o quadro de João XXIII, simbolizando a decolagem do Concílio.

Acontece que não calcularam bem a dose de gás, necessária para impulsionar os balões. O gás não foi suficiente. Os balões ficaram murchos. E na hora de decolarem, o peso de João XXIII teimosamente os retinha. O povo ficou torcendo para que o vento viesse em socorro dos balões, mas a brisa imperceptível não alterava o panorama.

Até que alguém teve a intuição. Mais do que rapidamente, com uma tesoura afiada, cortou o pano e desprendeu a moldura que envolvia o quadro de João XXIII.

Pronto! Diminuído o peso, os balões decolaram. E o quadro de João XXIII também foi subindo. Lá de cima, parecia falar ao povo, explicando o que estava acontecendo.

Pois a cena, pensada como símbolo de uma mensagem, acabou expressando outra, mais complexa e mais verdadeira.

O impasse dos balões sem gás, na verdade, se tornou símbolo da dificuldade em acolher a proposta renovadora do Concílio.

Com pouco gás, os balões não sobem. Com pouca motivação, a reforma conciliar não deslancha.

Na verdade, a cena com os balões apresentava duas opções. Ou se devia colocar mais gás nos balões, ou diminuir o peso do quadro. Optou-se pelo mais prático e mais acessível: diminuir o peso. Porque era problemático conseguir mais gás e colocá-lo nos balões.

Assim agora. Para implementar o intenso processo de renovação eclesial, desencadeado pelo Concílio, é preciso ter muita motivação. É preciso ter muito gás!

A tentação permanece a mesma: diminuir o peso. Diminuir o alcance do Concílio, esquecer suas grandes intuições pastorais, neutralizar seu grande impulso de renovação eclesial, reduzi-lo a um episódio isolado e fazer de conta que ele nem aconteceu.

Na verdade, para salvar o Concílio é preciso renovar as grandes motivações que ele despertou.

Não se trata de diminuir o seu alcance. Trata-se de retomar o entusiasmo com que o Concílio foi sonhado e proposto por João XXIII.

Então, suas propostas começarão a decolar.

# Homenagens

# Centenário de Dom Helder

(08 de fevereiro de 2009)

Nesta semana temos uma data especial a agendar. No dia 07 de fevereiro se completam cem anos do nascimento de Dom Helder. Para personagens com dimensão histórica, a roupagem adequada é a dos séculos.

De fato, o arco de um século situa melhor a importância e a grandeza de Dom Helder. É muito acertada a iniciativa de promover um "ano centenário" para recolher a grande herança deixada por ele.

A iniciativa parte de diversas instituições, a começar pela CNBB, com a presença do seu atual presidente, Dom Lyrio Rocha, na missa de abertura do "ano centenário", em Recife, defronte à igreja das Fronteiras.

A Cáritas Brasileira se sente particularmente ligada à pessoa de Dom Helder, que foi o seu fundador, no ano de 1956. Por isso, ela se antecipa e promove uma homenagem especial ao seu primeiro secretário-geral e presidente no dia 6, à noite. Quando a liturgia tem uma data especial a celebrar, ela começa no dia anterior, com as "primeiras vésperas". A Cáritas se incumbe de entoar os primeiros louvores, sinalizando que a celebração é de "primeira classe"!

Entre tantos predicados, Dom Helder foi indiscutivelmente um grande profeta e um sonhador das grandes utopias humanas e cristãs.

Para descortinar os amplos horizontes suscitados pelo centenário do seu nascimento, podemos lembrar os dois grandes sonhos de Dom Helder. Ambos em vista da passagem do milênio, que ele nem pôde ver. Como Moisés, que não chegou a pisar a terra prometida, só a enxergando do alto do Monte Nebo, assim Dom Helder deixou este mundo em 1999, antes da chegada do novo milênio, que ele sonhou com a generosidade de suas grandes utopias.

Pois bem, para o mundo, Dom Helder sonhou o fim da miséria e da fome. Um mundo justo, em paz, reconciliado e fraterno, onde ninguém precisasse viver na miséria e passando fome. Este foi o mundo que Dom Helder sonhou para o milênio que já estamos vivendo!

Para a Igreja, Dom Helder sonhou, e divulgou, sua grande utopia, carregada de profundo simbolismo: a convocação do segundo Concílio de Jerusalém! Para entender a força deste sonho, é preciso saber o que foi o primeiro Concílio, descrito na Bíblia e realizado no começo da Igreja. Os apóstolos se congregaram em Jerusalém e perceberam a universalidade do Evangelho de Cristo, que precisava romper os limites estreitos do judaísmo e de quaisquer outras amarras culturais e religiosas, para ser levado a toda a humanidade, que o aguardava como terra sedenta de verdade e de amor, pronta para produzir os frutos do Reino de Deus.

Agora, um segundo "Concílio de Jerusalém" implicaria a predisposição da Igreja em rever sua caminhada, e o convite ao mundo para se abrir ao Evangelho de Cristo, superando preconceitos e confrontos inúteis, e abrindo caminho para um novo tempo de reconciliação e de paz mundial.

Assim sonhava Dom Helder. Ele vinculava seus sonhos a uma data, carregada de simbolismo, para dizer que estes sonhos ultrapassam as possibilidades concretas do nosso dia a dia, mas ao mesmo tempo começam a acontecer se lhes damos abrigo em nossas mentes e em nossos corações. Ele insistia na dimensão comunitária das utopias, alertando que, um sonho que se sonha só, fica na ilusão, mas um sonho que sonhamos juntos, começa sua encarnação.

O "Ano centenário" é para voltarmos a sonhar como Dom Helder, para nos comprometermos com a realização concreta de suas grandes utopias, apesar das nuvens carregadas de pessimismo que se abateram sobre o mundo no alvorecer deste novo milênio.

Em tempos de borrascas, os profetas precisam anunciar a bonança!

# Dom Aloísio Lorscheider

## (30 de dezembro de 2007)

Dom Aloísio partiu. No apagar das luzes de 2007, apagou-se a chama luminosa de sua privilegiada inteligência. Silenciou o coração bondoso que resistiu a tantos embates. Descansou o laborioso frade franciscano, o teólogo competente, o bispo dedicado, o cristão humilde e temente a Deus. Morreu o cardeal que cativou os corações e que deixa tanta saudade!

Sentiremos sua falta. Sobretudo em nossas assembleias. Não teremos mais sua análise de conjuntura teológica, vazada em linguagem simples, fluente, acessível e ao mesmo tempo profunda, que ele nos fazia todos os anos, ao longo das presidências de Dom Ivo, seu primo, de Dom Luciano, seu amigo, e de Dom Jayme, seu conterrâneo. Suas posições claras e serenas inspiravam confiança em todos e davam firmeza para nossas opções pastorais.

No parecer do Pe. Alberto Antoniazzi, Dom Aloísio era o "bispo completo": humanamente dotado de exímias virtudes, que nele se traduziam em grande bondade que inspirava profunda confiança; uma esmerada formação teológica; um apurado senso pastoral; uma incansável disposição para o trabalho; uma lúcida percepção dos problemas, sem que lhe faltasse a intrépida coragem de se posicionar serenamente em favor das mudanças que a Igreja deveria fazer.

Tive o privilégio de conhecê-lo quando ele ainda não era bispo e lecionava teologia em Roma, no *Antonianum*. Com muita simplicidade vinha ao seminário onde estávamos, no Pio Brasileiro, simplesmente para visitar o Oliveira, amigo seu de Divinópolis, onde o próprio Dom Aloísio tinha feito seus estudos fundamentais de filosofia e teologia. Depois, ficamos sabendo que aquele frade muito simples e muito amigo tinha se tornado bispo de Santo Ângelo, no Rio Grande do Sul.

Mas então se dava uma coincidência muito importante, que traçou a trajetória de Dom Aloísio. Ele foi eleito bispo no início de 1962, ano em que no mês de outubro iria começar o Concílio Vaticano II. Dom Aloísio tinha todas as condições para mergulhar fundo nos debates conciliares e prestar um valioso serviço aos seus colegas bispos brasileiros.

Dom Aloísio foi cedo valorizado pelo episcopado brasileiro, graças à perspicácia de Dom Helder e do pequeno grupo de líderes que procurou organizar a "bancada" da CNBB no Concílio.

Pude presenciar um lance decisivo. Os bispos do Brasil se hospedavam na "Domus Mariae", a casa da Ação Católica italiana, que ficava ao lado do Pio Brasileiro. Logo na primeira reunião que realizaram, enquanto se organizavam as comissões do Concílio, Dom José Távora veio ao encontro de Dom João Aloísio Hoffmann e perguntou:

– É você o bispo teólogo?

E Dom João respondeu:

– Não, eu sou um pobre colono. O teólogo é aquele lá!

E apontou para Dom Aloísio Lorscheider, a quem de imediato Dom Távora se dirigiu, convidando-o a coordenar as reuniões de estudo, que passaram a ser feitas com assiduidade na "Domus Mariae" ao longo de todo o Concílio. Foi lá que Dom Aloísio se firmou como baluarte do episcopado brasileiro.

Terminado o Concílio, ele foi cedo eleito secretário-geral da CNBB, posto que lhe abriu caminho para a presidência, que ele exerceu por dois mandatos seguidos, nos duros tempos da ditadura brasileira, enquanto era também eleito presidente do Celam, atingindo o auge de sua influência no final do pontificado de Paulo VI, que o admirava muito e lhe pedia com frequência sua ajuda competente.

E aí se inscreve um obscuro capítulo da vida de Dom Aloísio. No conclave em que foi eleito Papa o Cardeal Luciani, Dom Aloísio era o cardeal que mais se destacava entre todos os que não eram italianos. E sobre ele se dirigiam as expectativas para a hipótese de ser eleito um cardeal que não fosse italiano. Consta que o próprio João Paulo I teria confidenciado seu voto em Dom Aloísio.

E por que então Dom Aloísio não foi eleito no conclave que se seguiu à repentina morte de Luciani? Aí entra o episódio que alterou a situação. Infelizmente, nos dias que antecederam a morte de João Paulo I, Dom Aloísio teve uma crise cardíaca, enquanto pregava retiro aos padres da diocese de Santa Cruz do Sul. Superada a crise, foi para o conclave. Dizem que em Roma tinham até preparado uma cadeira de rodas para receber Dom Aloísio no aeroporto, para mostrar que este cardeal estava fora de combate! O episódio teve evidente repercussão. Morto um Papa de repente, não iam eleger um cardeal que tinha problemas cardíacos.

Pois bem, agora a história comprova que ele teria tido um longo, e certamente, profícuo pontificado. Mas Dom Aloísio soube servir a Igreja com muita dedicação, mesmo não sendo Papa. Tornou-se uma referência importante por seu testemunho de humilde competência e de serena coragem.

Em dois contextos a presença de Dom Aloísio foi particularmente importante: para o povo simples, de quem ele foi pastor, e para a CNBB, que ele qualificou com sua lúcida contribuição teológica.

A propósito, permito-me citar um episódio de cada contexto, entre muitos outros que poderiam ser lembrados.

Ele foi bispo de Fortaleza durante 22 anos. Era comovente ouvi-lo contar as peripécias de suas visitas pastorais no sertão do Ceará. Hospedava-se na casa de gente simples e humilde. Certa vez, a dona da casa ficou tão contente com a visita do bispo que resolveu preparar-lhe um café com o pó guardado em casa havia muito tempo. Colocou a chaleira sobre o fogo para ferver a água, junto com o café. Mas na hora de servir o café, o bico da chaleira estava trancado. Acontece que uma pobre barata tinha se refugiado na chaleira e fervido junto com a água e o café. Quando a dona de casa se deu conta, não teve dúvidas: tirou a barata e serviu o café! Dom Aloísio, como bom teólogo, se lembrou das palavras do Evangelho: "Se beberem algum veneno mortal, não lhes fará mal nenhum" (Mc 16,18). E como bom pastor, tomou o café, para alegria de todos que assim puderam preparar para o bispo o melhor que podiam lhe oferecer!

Certa vez, na assembleia da CNBB, Dom Possamai, bispo de Ji-Paraná em Rondônia, pediu que a CNBB solicitasse a Roma a autorização para os diáconos, na Amazônia, poderem ao menos conferir a Unção dos Enfermos aos moribundos, pois na Amazônia todos morrem sem este conforto cristão. Parecia um pedido teologicamente equivocado, como Dom Amaury Castanho logo reagiu, lembrando São Tiago: "Se alguém está doente, chamem os presbíteros".

Foi então que Dom Aloísio, sentado atrás de Dom Amaury, tocou no ombro dele e falou: "Dom Amaury, a palavra 'presbítero' neste contexto não tem o mesmo sentido que lhe damos hoje!". Dom Amaury ficou incomodado, mas silenciou diante do cardeal. No intervalo, aproveitei para perguntar a Dom Aloísio, imaginando-o Papa:

– Diante deste pedido, o que o senhor faria?

Foi então que Dom Aloísio desabafou:

– Se fosse por mim, distribuiria o ministério de acordo com as necessidades do povo. Se a comunidade precisasse de um confessor, diria para alguém: "Você vai atender confissões e perdoar todo mundo". Se precisasse de alguém para ungir os enfermos, incumbiria uma pessoa para cuidar bem disso. E se a comunidade precisasse de alguém para presidir a Eucaristia, simplesmente alguém da comunidade poderia ser designado para isso. Esta questão dos ministérios precisa ser revista de alto a baixo, desde o ministério de Pedro até o último ministério a ser implantado nas pequenas comunidades.

Assim pensava Dom Aloísio. Este cardeal que quase se tornou Papa. Este cardeal que não se tornou Papa. Infelizmente!

# Dom Ivo Lorscheiter

## (11 de março de 2007)

O Brasil inteiro tomou conhecimento da morte de Dom Ivo Lorscheiter. O interesse pela notícia atesta a importância que teve para todo o país a figura imponente deste bispo, que deixa um raro testemunho de cidadania e um precioso legado de autenticidade cristã.

Sua morte se deu na véspera do aniversário de sua ordenação episcopal. A sintonia de datas ressalta sua coerência de vida. Assumiu a missão de bispo e a cumpriu de maneira exemplar, morrendo como bispo na diocese de Santa Maria, de onde por trinta anos carregou no coração sua atenta solicitude pelo país, pela CNBB, pela Igreja toda, pelas causas importantes que sempre encontravam ressonância em sua agenda de pastor.

Foi nomeado bispo no final de 1965, quando o Concílio Ecumênico Vaticano II estava nos últimos dias de seus trabalhos. Imediatamente partiu para Roma, como bispo eleito, para chegar em tempo de assinar os documentos do grande Concílio que estava se concluindo.

Esta pronta atitude de Dom Ivo já sinalizava sua aguda consciência do valor das orientações conciliares e da urgência de colocá-las em prática. Entre elas, despontava a nova compreensão da missão episcopal, que recuperava o sentido de corresponsabilidade de todos os bispos pelo conjunto da Igreja, cada qual em sua Igreja particular, mas assumindo juntos sua missão universal.

A recomendação do Concílio para que os bispos de cada país se organizassem em "Conferências Episcopais", como os bispos do Brasil já tinham feito, indicava a forma prática de exercer esta corresponsabilidade episcopal de maneira organizada e eficaz.

Pois bem, foi sobretudo a serviço da "Conferência Nacional do Bispos do Brasil", a CNBB, que Dom Ivo colocou seus talentos, sua capacidade de articulação, sua força de caráter, seu destemor apostólico, sua coragem evangélica e sua disposição de avalizar com a própria vida as convicções que o animavam.

A esplêndida trajetória da CNBB nas últimas décadas deve a Dom Ivo o suporte principal de sua atuação e da repercussão de suas posições no contexto brasileiro e no seio de toda a Igreja, sobretudo na América Latina.

A história registra como Dom Ivo se constituiu em fiel da balança de uma longa série de mandatos na CNBB, caracterizados pela persistência e fidelidade, e ao mesmo tempo abertura aos novos desafios.

Em 1971 foi eleito secretário-geral da CNBB, quando ainda era bispo auxiliar de Porto Alegre, enquanto seu primo Dom Aloísio Lorscheider era eleito presidente. Quatro anos depois, ambos foram reconduzidos a seus cargos. Passados estes dois mandatos, Dom Ivo foi eleito presidente da CNBB em 1979, enquanto Dom Luciano se tornava secretário-geral. Foram reeleitos em 1983 para mais um mandato, até 1987, quando Dom Luciano passou a exercer o cargo de presidente e Dom Celso assumiu a função de secretário, também eles reeleitos em 1991, indo este segundo mandato até 1995.

Somando, são vinte e quatro anos de manutenção da mesma linha de ação pastoral e de posicionamento crítico diante do poder público, sobretudo no tempo da ditadura. Por sua contínua atuação, pela confiança que inspirava nos outros bispos, pelo respeito que impunha a todos, Dom Ivo encarnava pessoalmente, de maneira exímia, a instituição que ele serviu com dedicação e competência.

Seus firmes posicionamentos lhe custaram a incompreensão de muitas pessoas, sobretudo por parte de expoentes dos governos militares. Não conseguindo neutralizar a influência que Dom Ivo exercia, tentaram atingi-lo com golpes baixos, que acabaram ressaltando ainda mais sua grandeza de ânimo.

Ao mesmo tempo, no interior da Igreja, espíritos pequenos conseguiram impedir que ele fosse distinguido por Roma com alguma função especial. Por vezes se constata uma preocupante coincidência de posturas entre os que abusam do poder pelas ditaduras e os que controlam o poder na Igreja pelas intrigas.

Acabou ficando melhor assim. Aquele que podia, muito bem, ter sido grande arcebispo e eminente cardeal, morreu como bispo. Os títulos não lhe fazem nenhuma falta. Ao contrário, a ausência deles engrandece ainda mais sua biografia. Na memória de todos, permanecerá como Dom Ivo, o Grande!

# Dom Luciano Mendes de Almeida

## (03 de setembro de 2006)

Dom Luciano marcou profundamente a vida de muitas pessoas. Só o fato de ouvi-lo já servia para encher o coração de admiração por ele e de adesão ao que dizia. Exemplo disso foi a admirável palestra proferida no recente Congresso Eucarístico em Florianópolis. Todos ficaram com a impressão de que o Congresso teria valido a pena só pela palestra de Dom Luciano. Foi a última obra-prima de comunicação da sua riqueza interior, que ele sabia dosar muito bem, de acordo com as circunstâncias, e sempre com esmero e exímia competência.

Ao ouvi-lo em Florianópolis, tive a nítida impressão de que ele estava deixando seu testamento final. Foi juntando os lances de sua vida que mais de perto faziam pensar no mistério de Deus, iluminado pela Eucaristia, que ele celebrava sempre com profunda fé e devoção pessoal. Terminada a palestra, pude observá-lo de perto quando ia entrando no estádio, debaixo de chuva, caminhando com dificuldade, concentrado misticamente, deixando transparecer em seu rosto tranquilo uma profunda alegria. Com certeza, estava experimentando a satisfação do dever cumprido. Parecia dizer: "Fiz minha parte". E tinha feito!

Como muitos, também sinto o privilégio de ter partilhado momentos de intimidade com Dom Luciano, que me colocam agora no compromisso de testemunhar a todos: ele foi verdadeiramente um santo. Pude acompanhá-lo de perto, desde os tempos em que ele era orientador de estudos no Pio Brasileiro. Nos longos anos de incumbências na CNBB, pude sentir o apoio dele, que me inspirava profunda confiança e me estimulava a seguir seu empenho. E desde 1997 tive anualmente a alegria de participar com ele das reuniões da comissão do Sínodo da América.

Era muito gratificante conversar com ele e recordar lances de sua vida, que traduziam sua profunda confiança na Providência, que expressava com serenidade. Tinha consciência, por exemplo, de que Deus o tinha poupado de morrer quando ainda era jovem padre, no dia em que fora escalado, no Pio Brasileiro, para acompanhar o Irmão Marchi na viagem de caminhão ao norte da Itália. No acidente acontecido, acabou morrendo o Pe. Hoffer, que tinha insistido em ir no lugar do "Padre Mendes". Ao lado deste episódio, ele recordava com discrição o outro acidente, que lhe tinha causado nada menos do que vinte e sete fraturas por todo o corpo, e assim mesmo sobrevivera. Esta lembrança parecia estimulá-lo a colocar com maior generosidade a serviço de Deus a vida que a Providência tinha salvado da morte.

Essa confiança na Providência permitia a Dom Luciano assumir compromissos arriscados, que para outros seriam loucura, mas para ele estavam sob medida. Na medida de sua exímia caridade. Foi assim que aconteceu, por exemplo, no dia da canonização da Madre Teresa, na Praça São Pedro. A missa era de tarde. Mas Dom Luciano tinha calculado que depois da missa ainda podia ir ao aeroporto, tomar o avião a Turim, onde durante a noite iria se encontrar com os amigos que apoiavam seus projetos sociais no Brasil, e voltar cedo na manhã seguinte, para às nove horas estar a postos em nossa reunião. Mas acontece que a missa foi demorando além do previsto. Já tinha escurecido e faltava meia hora para o avião partir, quando finalmente Dom Luciano pôde comungar, para então esgueirar-se em meio à multidão. Perguntei:

– Aonde vai agora?

– Vou ao posto dos Guardas Suíços, ver se me conseguem um táxi!

Não havia táxi nenhum, pois as ruas estavam bloqueadas. Mas a Providência tinha outros caminhos. Justo na hora, saiu do interior do Vaticano um carro, que parou no posto dos Guardas, permitindo que Dom Luciano perguntasse ao estranho Monsenhor:

– Para onde vai?

– Para o aeroporto!

E assim Dom Luciano pôde pegar carona e chegar pouco antes de o avião fechar a porta. Até hoje me pergunto se o dito motorista era de verdade ou se talvez fosse um anjo enviado por Deus e paramentado de monsenhor!

O fato é que a vida de Dom Luciano só se entende à luz da Providência de Deus. Até as circunstâncias em que morreu: no domingo, dia do Senhor, no aniversário de sua mãe, no mesmo dia em que Dom Helder também morrera. Todos pequenos sinais de uma grande sintonia com Deus.

A morte permitiu também que Dom Luciano usasse da mesma delicadeza que sempre teve com as autoridades eclesiais, que nem sempre compreenderam sua grandeza de ânimo. Completados 75 anos, já tinha apresentado ao Papa sua carta de renúncia. Pois bem, a morte de Dom Luciano livrou a Igreja de um constrangimento crucial: dispensar os serviços de uma pessoa tão indispensável como Dom Luciano! Deus mesmo se encarregou de aceitar, não sua renúncia, mas sua própria vida.

Agora, o povo está disposto a dispensar a Igreja de outro constrangimento: canonizar logo Dom Luciano. Pois todos já temos completa certeza, a mesma do centurião ao pé da cruz: "Verdadeiramente, este homem foi um santo!".

# Dom Clemente Isnard

### (28 de agosto de 2011)

A notícia chegou rápido. Dom Clemente Isnard tinha falecido. Pelas seis da tarde do dia 24 de agosto de 2011, de repente, em consequência de parada respiratória, Dom Clemente José Carlos Isnard concluía sua fecunda caminhada de 94 anos de vida, 74 de religioso beneditino, 68 de padre e 51 de bispo. Como pedira a Deus, morria sem incomodar ninguém.

Com a serenidade de sempre, concluía sua vida como quem encerrava uma Eucaristia bem celebrada. Ele que tinha dedicado à liturgia sua competência de perito e sua vivência de beneditino, terminava a vida como quem encerrava uma celebração tranquila e harmoniosa. Morria transmitindo paz e garantindo bênção.

O simbolismo da liturgia, que contagiou tanto a vida de Dom Clemente, envolve sua partida como última lição deixada por ele. O cair da tarde evoca o declínio da vida. Às seis horas os monges acendem a lâmpada que esconjura as trevas e ilumina as mentes. Da liturgia terrena, ele passou tranquilo para a liturgia perene.

Mas o simbolismo de sua morte não para aí. Nestes dias finais de agosto, estávamos nos preparando para recordar Dom Helder e Dom Luciano, outros dois grandes bispos brasileiros, falecidos no mesmo dia, 27 de agosto, véspera da festa de Santo Agostinho.

A estes dois bispos que desenharam com suas vidas a grandeza da CNBB, junta-se neste final de agosto Dom Clemente, outro gigante que engrandeceu o episcopado brasileiro com sua competência e seu testemunho. Parece a subida ao Tabor, acompanhada das três testemunhas escolhidos por Jesus: Helder, Luciano e Clemente!

Dom Clemente foi um grande esteio da renovação litúrgica de toda a Igreja, promovida pelo Concílio Vaticano II. Foi ele quem transmitiu segurança e firmeza à caminhada litúrgica promovida no Brasil pela CNBB.

Sua nomeação para bispo de Nova Friburgo, em 1961, foi de todo providencial. Iniciado o Concílio, ele foi logo identificado na CNBB como o bispo de referência para assuntos litúrgicos. O primeiro tema abordado pelo Concílio foi justamente a liturgia. Dom Clemente se sentiu logo à vontade, como bom atleta que cai na piscina e nada de braçadas. Os bispos brasileiros sentiam firmeza nas orientações transmitidas por Dom Clemente.

Terminado o Concílio, foi logo eleito para presidir o Secretariado Nacional de Liturgia, a quem estava afeta a ingente tarefa de implementar a reforma litúrgica preconizada pelo Concílio. E ele desempenhou esta missão com muita segurança e sabedoria.

Exerceu diversos cargos, tanto em Roma como no Celam e na CNBB. Permaneceu trinta anos na mesma diocese, até se tornar bispo emérito, quando generosamente aceitou a incumbência de ser o vigário-geral na diocese de Duque de Caxias. O que o guiava não era a busca de *status* eclesial, mas o serviço à Igreja.

Como bispo emérito, teve a coragem de expor suas reflexões sobre questões eclesiais muito complexas, manifestando seus sonhos de uma Igreja reformada à luz do Vaticano II. Publicou o livro *Reflexões de um Bispo Emérito sobre as Instituições Eclesiásticas atuais*, que permanecerá certamente como expressão madura de sua coerência de pastor e de seu testemunho de profeta.

Tive a honra de gozar de sua amizade e estima, que sempre me comoveram pela nobreza de suas manifestações. Em carta que me escreveu de próprio punho, em julho do ano passado, manifestou de maneira singela sua disposição de trabalhar, apesar de sua avançada idade. Escreveu ele textualmente: "Ainda gostaria de viver mais alguns anos para concluir certos trabalhos...". E lembrou o livro do seu grande amigo, Padre Bugnini, secretário da Comissão de Liturgia durante o Concílio.

Dom Clemente concluiu a grande liturgia de sua vida aqui na terra. Que ele continue lá no céu intercedendo por nós! Precisamos de seu exemplo para sermos coerentes com a caminhada de renovação eclesial, proposta pelo Concílio e assumida de maneira tão generosa por Dom Clemente.

# Dom Tomás e Dom Waldyr

## (14 de maio de 2009)

Há momentos marcantes na assembleia da CNBB. Um deles é a missa para lembrar os bispos falecidos desde a última assembleia. Os respectivos substitutos fazem a procissão de entrada, cada um trazendo uma vela acesa, que é colocada diante do altar, enquanto se lê o nome de cada um dos bispos falecidos.

A média de idade se encarrega de garantir, cada ano, um bom número de falecimentos. Desta vez, a foice passou mais rasante, chegando a envolver a própria assembleia.

Poucos dias antes de ela se iniciar, faleceu repentinamente o bispo de Três Lagoas, no Mato Grosso do Sul, Dom José Moreira. E em plena assembleia, justo no dia em que a liturgia colocava em destaque os bispos eméritos, chegava a notícia do falecimento de Dom Tomás Balduíno.

Seu enterro se realizou enquanto no Santuário de Aparecida a liturgia lembrava os bispos falecidos.

Para a morte não existe hora nem dia marcado. Mas desta vez parecia de fato que a data fora escolhida de propósito, pois parecia bem adequado que o bispo que mais valorizou as assembleias da CNBB morresse justo no dia em que a CNBB estava reunida em assembleia.

Com sua longa trajetória de bispo, desde os tempos do Concílio Vaticano II, passando pelo período da ditadura, Dom Tomás encarna, à perfeição, o legítimo perfil da CNBB. Nascido em Goiás, desde cedo, como frade dominicano, assumiu a clara postura de homem independente e corajoso, identificado profundamente com as causas sociais, sempre atento na defesa dos mais fracos e vulneráveis. De maneira muito concreta, assumiu a causa dos índios, a serviço dos quais se empenhou de tal maneira que chegou a aprender duas línguas indígenas para melhor se comunicar com eles. Nomeado bispo de Goiás Velho, a mais antiga diocese do estado de Goiás, permaneceu no posto até sua aposentadoria. Mas mesmo depois de bispo emérito não diminuiu o pique, nem esmoreceu na sua luta.

Por sua lúcida atuação nas assembleias, ele agora bem que mereceria uma pesquisa, para verificar as atas e comprovar que sem dúvida ele foi um dos bispos mais atuantes nas assembleias, sempre com intervenções muito lúcidas, além de muito livres e autênticas. Ainda bem que a Providência lhe reservou esta coincidência de fazer sua última intervenção na assembleia, desta vez com o silêncio da morte, para que todos percebessem melhor a importância do seu testemunho de vida.

Mas na missa em memória dos bispos falecidos foi lembrado outro gigante do episcopado brasileiro, Dom Waldyr Calheiros, bispo de Volta Redonda, no estado do Rio de Janeiro.

A morte de ambos, no mesmo intervalo de assembleias, veio simbolizar a profunda sintonia que sempre existiu entre eles, Dom Tomás e Dom Waldyr. Ambos tiveram, de fato, uma trajetória episcopal muito parecida. Nomeados bispos no início da década de 1960, puderam participar do Concílio Vaticano II, tendo sido dos mais ardorosos artífices da profunda renovação pastoral que o Concílio inspirou naquelas décadas.

47

Lembrados na mesma celebração, ficou ressaltada sua amizade, a ponto de parecerem irmãos gêmeos, tal a identificação existente entre eles.

Eles fizeram parte de uma geração de bispos quase todos já falecidos.

Deles convém guardar bem viva a memória, não só para lembrar suas pessoas, mas para não esquecermos o perfil da CNBB, que os atuais bispos sentem o desafio de conservar, mesmo que as circunstâncias histórias tenham mudado.

Tanto Dom Tomás como Dom Waldyr, junto com Dom Aloísio Lorscheider, Dom Ivo, Dom Luciano e tantos outros, fazem parte da galeria dos bispos que nos legaram um impressionante testemunho de pastores corajosos e coerentes com sua missão.

É compromisso nosso guardar agora sua memória, para seguir seu exemplo.

# Dom Paulo, bispo amigo e solidário

Foi em 1982. Eu tinha sido nomeado bispo de Jales. Até lá, nem sabia que Jales existia. Só fiquei sabendo ao receber a carta da Nunciatura, informando-me que o Papa tinha me nomeado "bispo de Jales".

Se não sabia nada de Jales, sabia muito bem que o caminho para chegar a uma diocese do estado de São Paulo era passar por Dom Paulo.

Cheguei cedo na rodoviária em São Paulo, justo no dia 9 de julho. Fui direto à residência do Cardeal. Como era feriado, ele tinha saído, mas voltaria ao meio-dia.

Chegando, ele me recebeu com a alegria espontânea e franca que o caracterizava quando estava contente. Foi logo me convidando para o almoço e me dando alguns conselhos importantes. Disse-me, por exemplo, que devia escrever uma carta ao Papa, agradecendo a nomeação e assegurando minha comunhão fraterna com ele. Eu nem tinha pensado nisso.

Fui me sentindo seguro, acolhido com carinho pelas pessoas que estavam com Dom Paulo, e especialmente por ele, que me transmitia firmeza e confiança.

Eu tinha encontrado o caminho para Jales!

Foi este clima de confiança e de apoio mútuo que caracterizou meu relacionamento com o Cardeal, que sabia ser simples e próximo, e ao mesmo tempo carregar o peso de suas grandes responsabilidades.

Comigo, ele foi sempre muito atencioso, sempre pronto para ouvir minhas ponderações e também muito livre para expressar sua opinião.

No contexto do episcopado do estado de São Paulo, ele era nossa grande referência, nosso respaldo diante das instâncias eclesiais e porta-voz de nossos posicionamentos.

Ele era nosso irmão maior, nosso escudo, nosso "cardeal".

Lembro a Visita *Ad Limina*, em janeiro de 1985. Estávamos no auge dos questionamentos sobre a Teologia da Libertação. Nosso grupo de bispos, do Sul l, era numeroso, mais de quarenta. Às vezes nem cabíamos todos nas salas de nossos encontros.

Tanto para falar como para ouvir, as atenções se voltavam para o Cardeal. Ele acabava assumindo a função de moderador do diálogo, às vezes difícil, com a Cúria Romana.

Mas com ele nos sentíamos mais tranquilos e seguros.

Cito um episódio que me aconteceu e que levei a Dom Paulo.

Na minha curiosidade de bispo novo, participando pela primeira vez da Visita *Ad Limina*, procurei estar atento a tudo. E, sem querer, me vi diante de uma situação embaraçosa, que agora posso narrar com serenidade.

Acontece que eu tinha comprado um gravador, bem moderno, pequeno, mas que captava bem o ruído de uma sala inteira. Quando fomos recebidos, todos os bispos de São Paulo, em audiência pelo Papa, eu tinha junto meu gravador. De maneira discreta, coloquei-o no bolso da batina e o deixei funcionando. Eu mesmo estava curioso de saber como funcionaria. E funcionou muito bem: gravou todo o discurso do Papa, com muita nitidez.

50

A minha surpresa e perplexidade veio no dia seguinte. Fui confrontar o discurso gravado com o texto publicado pelo jornal *L'Osservatore Romano* e constatei que havia notáveis diferenças! O assunto era Liturgia. Em concreto, o discurso falado não continha nenhuma das numerosas passagens que se assemelhavam a repreensões e que eram trazidas pelo texto escrito do jornal.

Eu fiquei logo com a dúvida na cabeça: estas passagens que não constavam da fala foram acrescentadas pela Cúria Romana, ou omitidas propositalmente pelo Papa? Precisava confidenciar com alguém. Conversei com Dom Paulo. Ele me aconselhou a deixar tudo isso de lado. Vai ver que o Papa tinha se sentido constrangido e resolvera omitir os "pitos" que a Cúria Romana tinha preparado para os coroinhas.

Dom Paulo não se preocupava com assuntos medíocres. Ele tinha grandes causas a defender!

# Solidariedade a
# Dom Pedro Casaldáliga

(16 de dezembro de 2013)

Dom Pedro Casaldáliga, bispo emérito da Prelazia de São Félix do Araguaia, no Mato Grosso, está sendo seriamente ameaçado de morte. Para protegê-lo, o Governo Federal tomou a iniciativa de removê-lo de lá e levá-lo a um lugar distante, onde permanece sob a custódia da Polícia Federal.

Dadas as circunstâncias, esta medida do Governo se justifica e merece ser apoiada. Quando a vida corre perigo, o Estado tem a obrigação de fazer o que está ao seu alcance para defendê-la e preservá-la.

Independentemente dos motivos das tensões existentes, devidas à iminente execução da sentença de reintegração de posse em favor dos índios Xavantes das terras de "Marâiwatsèdè", com a retirada de toda a população não indígena, permanece muito estranha e profundamente equivocada a ameaça feita contra Dom Casaldáliga, como se ele fosse o culpado da situação agora existente.

Desde que foi eleito bispo, em 1971, Dom Pedro Casaldáliga vem dando a todos um comovente exemplo de autenticidade evangélica, de austeridade, vivendo pobremente nesta Prelazia que a Igreja lhe confiou.

Ele está agora com 84 anos de idade. Desde 2002 é bispo emérito. Como tal, podia ter retornado à sua terra de origem, a Catalunha. Mas fez questão de permanecer nesta terra cheia de conflitos decorrentes de problemas de terras mal resolvidos. Dom Pedro é incapaz de matar sequer um mosquito. Por que temer um ancião de 84 anos, desarmado, indefeso, cordato e pacífico?

A violência é sempre má conselheira. É preciso, quanto antes, desarmar os espíritos, para todos assumirem uma postura de respeito e de entendimento.

Ainda mais tendo presente a firme decisão de Dom Pedro de manter-se sereno diante das ameaças, e pronto igualmente para testemunhar com a própria vida suas convicções na defesa dos humildes, sejam eles índios ou posseiros.

Diante destas novas ameaças, Dom Pedro continuou fazendo poemas, como fez ao longo de sua vida. Este o recado enviado agora aos que querem matá-lo: "Eu morrerei de pé como as árvores. Me matarão de pé. O sol, como testemunha maior, porá seu lacre sobre meu corpo duplamente ungido". Esse é Dom Pedro. Com ele as armas da morte só acentuam a força do seu testemunho. Sua coragem nos remete a buscar uma solução justa e pacífica para o impasse criado com a execução da sentença judicial.

Em primeiro lugar, valem as palavras do atual bispo da Prelazia, Dom Adriano Ciocca, que nos ajudam a perceber a gravidade da situação: "Sabemos que está havendo muito sofrimento, sobretudo dos mais pobres, por causa desta retirada determinada pela Justiça". Mas adverte com clareza: "Desde o início desta ocupação, alertamos para a possibilidade do atual desfecho, por se tratar de terras cujo direito é garantido ao povo Xavante pela Constituição Federal".

Dada a proporção do conflito, garantido o direito dos Xavantes sobre este território, o Governo Federal deve, como manda também a Constituição, indenizar todas as benfeitorias feitas pelos ocupantes de boa-fé, mesmo que tenham sido enganados.

E como se trata de uma situação paradigmática, em que a demora da solução acabou agravando a situação, o Governo precisa assumir o compromisso de reassentar os agricultores, de imediato, à medida que forem sendo retirados deste território.

Assim será possível atender ao direito dos índios, sem atropelar o direito dos pobres agricultores, que também não têm culpa do impasse agora existente.

Para situações difíceis, se requer grandeza de ânimo, não o atalho das armas.

# Crônicas

# Lembranças de um dia feliz

(07 de outubro de 2012)

Cinquenta anos atrás, no dia 11 de outubro de 1962, tive a graça de estar em Roma e de acompanhar de perto a abertura oficial do grande Concílio Ecumênico Vaticano II. Na véspera tinha chovido. A instabilidade do outono na Itália fazia temer pelo dia seguinte. Mas não! O dia 11 amanheceu límpido, sem nenhuma nuvem, de tal modo que o sol podia dar seu bonito espetáculo de fulgor sobre a cúpula de São Pedro e sobre toda a cidade de Roma, que vivia mais um dia extraordinário de sua milenar história.

A cerimônia estava marcada para começar cedo, pois contava com a lenta procissão dos dois mil e quinhentos bispos, que iam saindo do Vaticano, passavam pela Praça São Pedro e enveredavam para o interior da Basílica.

O último a aparecer foi o Papa João XXIII. Vinha carregado, erguido ao alto, sentado na "sede gestatória", como era tradição fazer. Todos percebiam que ele era o grande protagonista do evento que estava acontecendo.

Quando chegou à porta da Basílica, mandou parar a procissão. Pediu para descer. Quis entrar na Basílica a pé, caminhando, como tinham feito todos os bispos. Foi muito aplaudido por este gesto, que assentava tão bem com sua simplicidade. Mas que igualmente expressava de maneira eloquente a igualdade que um Concílio faz acontecer entre todos os bispos, dos quais o Papa é um deles.

Como tinham feito todos os outros bispos, o Papa também entrou caminhando entre as duas arquibancadas, construídas na Basílica para os bispos, cada um com seu lugar e seu número fixo, de acordo com a precedência de ordenação episcopal.

Assim que o Papa entrou, fechou-se a porta da Basílica.

Mas aí chegou o meu momento de sorte grande. O encarregado dos jornalistas de língua portuguesa me deu uma credencial que me autorizava a entrar na Basílica! Pronto, não me faltava mais nada. Apresentei-me aos Guardas Suíços, que de imediato mandaram abrir a porta para que eu pudesse entrar!

Como conhecia bem o interior da Basílica, não foi difícil liberar-me do local destinado à imprensa, para ir me achegando sempre mais perto da grande celebração. Até me ver diante do altar, mais próximo ao Papa do que todos os cardeais, arcebispos e bispos, situados na nave central da Basílica.

Assim, pude acompanhar toda a bonita cerimônia. Pude escutar, de viva voz, o famoso discurso de abertura do Concílio, pronunciado por João XXIII. Pude sentir de perto a firmeza, o entusiasmo e a fé daquele Papa que se deixava guiar pelo Espírito Santo, para ser instrumento da graça de Deus.

A alegria daquele dia todo especial culminou à noite, quando o povo romano sentiu que era a sua vez de participar da festa junto com o Papa, com a encantadora procissão luminosa pelas ruas de Roma até a Praça São Pedro.

Do alto da sacada de sua residência, João XXIII expressou espontaneamente sua alegria. Acenou para a lua, que brilhava nos céus de Roma, parecendo participar da alegria de todos naquela noite singular.

58

Ao se despedir, arrancou aplausos da multidão, quando pediu que ao chegarem em casa levassem para as crianças o beijo especial que o Papa enviava a todas.

Assim se concluiu um dia muito feliz, que deixou saudade para sempre!

# Os cuidados do UBS*
# (Cuidado com o UBS!)

### (Quaresma do ano 2000)

Estava no aeroporto de Zurique. Ia retornar ao Brasil, depois de dez dias de Campanha da Quaresma na Suíça. Meu coração e minha mente estavam repletos de encanto, das lindas paisagens, sim, mas sobretudo da generosa acolhida de tantas pessoas e do entusiasmo com a solidariedade aos países pobres, para quem a Campanha advogava o alívio do pesado fardo da dívida externa, através de garantias mínimas de destinação de seus recursos para a sobrevivência de suas populações.

Todos de acordo, menos os bancos. O representante do UBS (Union de Banques Suisses), no simpósio de Berna, tinha se encarregado de manifestar suas apreensões sobre a proposta de regulamentar um direito internacional de insolvência em favor dos países pobres. "Era preciso ter cuidado!"

Pois bem, sentado no aeroporto, ainda foi possível fazer uma breve avaliação do intenso trabalho realizado nesses dias. O representante da Action Carême me entregou, ao final, o cheque para pagamento de minha viagem. Constatei, surpreso, que a quantia era

---

\* O maior banco da Suíça.

maior que o valor da passagem. Logo pensei que o dinheiro vinha bem, para ajudar no pagamento dos livros que tinha comprado para as crianças da nova escola que a diocese está iniciando. Dava para pagar algumas dívidas!

Pensei que o mais prático era descontar logo o cheque, na agência do UBS, que encontrei no próprio aeroporto. Mas não foi possível! E constatei, de novo, como o UBS se cerca de todos os cuidados para não correr o risco de perder algum dinheiro.

Acontece que no cheque meu nome constava como *Dom Demétrio Valentini*. E meu nome completo, no passaporte, é *Luiz Demétrio Valentini*. Eis a questão!

Já prevendo alguma dificuldade, junto com o passaporte apresentei meu cartão de viagem, onde meu nome consta exatamente como *Dom Demétrio Valentini*, como todos me chamam e me conhecem. Assim, esperava que a funcionária não tivesse nenhuma dificuldade em perceber que se tratava da mesma pessoa.

Mas ela logo argumentou que o cartão podia ter sido roubado! E que ela não podia descontar o cheque.

Surpreso com a facilidade em me julgar um possível desonesto, lembrei logo as populações pobres, sobre as quais se lança com tanta facilidade a culpa por seu subdesenvolvimento.

Achei melhor pedir a presença da funcionária responsável pela agência. Enquanto isso, peguei meu bilhete de passagem, que também tinha sido emitido em nome de *Dom Demétrio Valentini*, e o apresentei à funcionária. Mas ela logo me respondeu: "Para nós isto não é documento". E me esclareceu que o cheque é assunto sério e que deve ser feito com toda precisão: "Genau!".

A palavra me evocou lembranças de outros tempos, em que as ordens eram seguidas à risca, com a convicção de quem estava com a plena verdade, mesmo cometendo barbaridades.

Percebi que o assunto estava fechado. Olhei para a cara de ambas, tensas na prepotência que confere o poderio do dinheiro, e tive pena delas. Era o banco que as impedia de se guiarem por critérios de sensibilidade humana e parecerem sem alma, todas devotadas ao serviço da segurança financeira.

Fui me dirigindo para o embarque. Mas percebi outra agência do UBS e me pareceu que a cara da funcionária era mais humana. Pensei que talvez ela trocasse o cheque. Sobretudo porque me dei conta de que eu tinha outro documento, o da Conferência dos Bispos do Brasil, que também prova que sou *Dom Demétrio Valentini*. Mas foi ela quem me fez a ameaça mais dura: "Se insistir, vou chamar a polícia!".

Decididamente, tomei o rumo do embarque, sem mais insistir. Era melhor voltar em liberdade para o Brasil, sem o dinheiro. E as crianças da escola iriam esperar um pouco mais.

Ao mesmo tempo, fiquei pensando como o sistema financeiro impregna as pessoas de um ar de superioridade e as faz revestirem--se de uma espécie de áurea de suástica, que lhes dita a prepotência de atitudes, na firme defesa dos interesses financeiros.

Sim, os bancos, quando ameaçados de perder algum dinheiro nos países pobres, "chamam a polícia!". Convocam o FMI, apelam para as pressões do Banco Mundial. A ordem é não perder nenhuma vantagem e fazer cumprir à risca os sagrados "contratos".

Colocam o poderio das instituições jurídicas a serviço de suas causas e tomam todos os "cuidados" para que nenhum estatuto jurídico possa ser colocado em defesa das prioridades vitais das populações que precisam se abster até do seu mínimo vital para continuar pagando uma dívida que só serviu para aumentar ainda mais sua dependência. Acham perigoso, por exemplo, um estatuto internacional de insolvência em favor dos países pobres. "É preciso ter cuidado!"

Apresentei meu bilhete de passagem. Estava em nome de *Dom Demétrio Valentini*. Não houve nenhum problema, mesmo que meu nome no passaporte fosse um pouco diferente. "Pas de problèmes!" A afabilidade dos funcionários da companhia aérea me refez da ameaça de polícia. Estava de volta para o clima de compreensão humana e de solidariedade, que me tinha feito sonhar durante uma semana inteira.

Sempre pensando nas crianças da escola, que ainda esperam os livros, me lembrei da passagem de um Livro que já tenho há muito tempo: "Cuidado com o fermento dos fariseus e saduceus" (Mt 16,6). Sim, também nós precisamos ter cuidado. "Cuidado com eles, pois devoram as casas das viúvas e dos órfãos, a pretexto de fazerem longas orações" (Lc 20,47).

Traduzindo para a realidade de hoje: cuidado com os banqueiros e especuladores internacionais! Eles devoram as riquezas dos países pobres. Não se importam com a miséria e a fome. A pretexto de defender a ordem financeira, eles não hesitam em extorquir os últimos recursos dos pobres, para transferi-los na conta dos seus lucros. Cuidado com eles!

Quanto ao cheque, precisarei devolvê-lo. Não só para que escrevam o meu nome completo, mas para que troquem de banco. Pois preciso tomar meus cuidados!

Enquanto isso, não faltam lições práticas para refletir com as crianças da escola. A semana na Suíça foi rica de ensinamentos e de motivações humanas. Fico pensando em Florence, a querida menina de quatro anos que, em Friburgo, quis me ajudar a carregar a mala. Muito obrigado, Florence! Que você possa crescer feliz e ver o mundo se tornando mais humano e solidário. Só não gostaria que um dia você se tornasse funcionária do UBS!

Florence, cuidado com o UBS!

Crianças, cuidado com os UBS da vida!

Assinado: *Dom Demétrio Valentini*. Se o UBS chamar a polícia, vou apresentar meu passaporte e mostrar que sou *Luiz Demétrio Valentini*.

# A tragédia de Santa Maria

(03 de fevereiro de 2013)

Tão fácil não será esquecida a cena que logo foi difundida pelo mundo. De um momento para outro, em questão de minutos, o que era uma festa alegre e descontraída tornou-se um desastre de consequências terríveis e inesperadas. Mais de duzentas pessoas acabaram morrendo subitamente, mal tendo tempo para se darem conta da fatalidade que se abatia de repente sobre elas.

Perderam a vida, lá onde tinham ido para comemorá-la. De repente, o que devia ser um ambiente seguro e propício para a alegria e o divertimento, tornou-se uma terrível armadilha, de onde foi difícil escapar, mesmo para aqueles que conseguiram sair de suas garras.

Diante de um fato trágico como este, que implicou a morte de centenas de pessoas, num primeiro momento nos invade o sentimento de impotência, em face de realidades que impiedosamente vão ceifando pessoas, tirando-lhes o dom mais precioso, imprescindível e insubstituível, que é a própria vida.

A difusão da notícia foi suscitando um turbilhão de sentimentos. Todos imaginamos como teria sido diferente se, em tempo, o incêndio pudesse ter sido evitado. Teria sido tão fácil agir com antecedência, ficou tão difícil enfrentar as consequências.

Esta constatação faz logo pensar na medida indispensável que precisa sempre ser tomada, de prevenção adequada, com a suficiente garantia e com medidas generosas, mesmo que pareçam exageradas quando vistas fora de nossas previsões de acidentes inesperados que possam acontecer.

Esse fato deixará certamente muitas lições práticas, a serem tiradas por todos. De maneira especial pelas autoridades encarregadas de urgirem a segurança em qualquer ambiente de aglomeração humana.

Mas antes de pensar nas providências que esta tragédia vai certamente despertar, todos nos sentimos ainda envolvidos e solidários com as pessoas que mais de perto estão agora experimentando a dureza deste drama que se abateu sobre elas, de maneira tão terrível e inesperada.

Para os que morreram, podemos ter uma certeza iluminadora, seja qual for a forma que toma nossa fé e nossa esperança. Com serenidade, para eles, podemos cultivar a certeza de que terão se encontrado com o Deus da vida, que os acolheu com misericórdia, ternura e bondade, fazendo com que passassem diretamente da festa nesta vida para o banquete definitivo, mesmo que isto tenha acontecido em hora tão inesperada.

Esta certeza a respeito de todos os falecidos nesta tragédia serve de principal conforto para os sobreviventes, seja os que estavam na festa e conseguiram sobreviver, seja para as famílias, para os parentes e amigos dos falecidos.

Assim mesmo, sabemos que a dor persiste e vai ser levada para a vida inteira. E diante desta dor humana, a melhor atitude é o respeito, o silêncio e a solidariedade com todos e cada um.

São muitas as reflexões que este triste acontecimento suscita. Ainda mais diante do fato de ter envolvido especialmente jovens, neste ano em que a Campanha da Fraternidade tem como tema a juventude, e como evento principal o encontro mundial do Papa com os jovens, aqui no Brasil.

A seu tempo, estas reflexões precisarão ser bem recolhidas para serem transformadas em lições de vida.

Impressiona a constatação de que a grande maioria das vítimas deste incêndio não morreu queimada. Morreu por inalar fumaça tóxica produzida pelo fogo. Esta circunstância é carregada de simbolismo. Quando se queimam valores, abandonam-se critérios éticos, esquecem-se recomendações da prudência e da sabedoria tradicional; o perigo mora nas consequências! Parece inócuo prescindir destas referências. Mas a seu tempo o resultado se manifesta.

É urgente identificar onde mora na sociedade de hoje a fumaça tóxica que ceifa vidas e impede sua realização plena. Que este triste episódio de Santa Maria sirva de alerta a todos.

# Três túmulos

(03 de julho de 2011)

A festa de São Pedro me faz lembrar a experiência vivida anos atrás, por ocasião da "visita *ad limina*", a peregrinação aos "túmulos dos apóstolos", que os bispos são convidados a fazer periodicamente.

Comecei minha peregrinação visitando o túmulo de São Pedro, em Roma. Ele se encontra no subsolo da atual basílica de São Pedro. Ela está construída sobre um antigo cemitério, que ficava fora da cidade de Roma, do outro lado do Tibre.

As escavações arqueológicas, mandadas fazer por Pio XII, reconstituíram a série de edificações realizadas no lugar onde hoje se encontra a atual basílica de São Pedro. Ela é a quarta das igrejas construídas no mesmo lugar, tendo todas como referência o mesmo ponto, indicado agora pelo centro da cúpula.

Pois bem, este ponto central conduziu os pesquisadores a identificarem um velho e tosco túmulo, ainda existente, contendo ossos de uma pessoa idosa. Não custa reconhecer que seriam os ossos do velho Pedro, morto em Roma, e lá enterrado.

Pois bem, aí começou minha reflexão. Pensei no rude pescador da Galileia, que teve a sorte de um dia ser convidado pelo Mestre a abandonar barco e redes, para empreender a aventura de se tornar "pescador de homens". Que seria do pobre pescador, se o Mestre não o tivesse chamado? Certa vez, o próprio Pedro pediu contas ao Mestre, perguntando pela recompensa que podiam esperar. "E nós, que deixamos tudo, e te seguimos, o que teremos?" O pobre Pedro mal podia imaginar o tamanho do monumento que seria construído em sua honra. A promessa do Mestre se cumpriu de modo generoso e impressionante. "Cem vezes mais neste mundo, e a vida eterna no outro." O impressionante túmulo de Pedro, feito igreja para acolher a multidão, é símbolo vivo da recompensa que aguarda todos os que põem sua esperança no Mestre.

Depois, prossegui minha peregrinação rumo à Terra Santa, passando pelas pirâmides do Egito. Visitamos as três mais famosas, construídas para guardar os restos mortais de Quéops, Quéfren e Miquerinos. Impressionam por sua grandeza e pela nobre intenção de garantir alguma sobrevida aos faraós que as tinham mandado construir como repouso perpétuo de seus corpos.

Tive o atrevimento de subir pela íngreme escada interna, que leva ao centro da pirâmide de Quéops, onde estava seu sarcófago. Hoje a ampla sala está totalmente vazia.

As pirâmides ficaram abandonadas por séculos. Os ladrões vieram, levaram os sarcófagos de ouro com as múmias dos faraós, e ninguém sabe onde foram parar.

Tiveram sua finalidade frustrada. De nada adiantou construir túmulos tão solenes e impressionantes. A morte tragou a fama fugaz dos faraós.

Em 1922, pesquisadores ingleses descobriram a pequena pirâmide subterrânea, dedicada a Tutancâmon, o faraó que morreu aos 19 anos de idade. Encontrada ainda intacta, a pirâmide mostrou exuberância de riqueza. A sala onde estava o sarcófago tinha três camadas sucessivas de paredes, todas de ouro puro, até a parede mais próxima que guardava o sarcófago, também ele de ouro fino.

Se assim era a sala do jovem Tutancâmon, como não seriam as salas dos faraós famosos? Não sobrou nada. Nem sequer as múmias.

Chegando em Jerusalém, fui ver a igreja que guarda o túmulo de Cristo. Pequeno, simples, despretensioso, cumpriu bem sua finalidade. Alugado, hospedou provisoriamente seu inquilino por três dias. Permanece vazio até hoje, testemunha incômoda e irrefutável. Ele não diz tudo. Mas garante que seu inquilino já não se encontra lá.

Não é o tamanho do túmulo que garante nosso destino. Jesus fez questão de nos avisar: ele foi à frente, nos preparar um outro lugar, "onde os ladrões não roubam, nem as traças corroem".

# Argentina –
# Capital Rio de Janeiro

(20 de julho de 2014)

A Copa terminou. O Brasil se empenhou muito para garantir o ambiente, e nisto se deu bem, apesar dos percalços. Quanto ao mais, preferimos esquecer o resultado. Mesmo assim, o assunto volta, até porque ele tem muitos lados.

Um deles, certamente, foi a presença argentina no Brasil, independentemente do resultado da competição. O certo é que o nosso relacionamento com a Argentina mudou de patamar com esta Copa no Brasil. Com certeza, nos descobrimos muito mais próximos, brasileiros e argentinos, podendo ser, mutuamente, muito menos preconceituosos.

Dá para dizer que, finalmente, por acontecimentos relevantes, se estabeleceu um novo clima de mútua estima, de amizade e de fraternidade, entre nós e nossos "hermanos" argentinos.

No mês de julho do ano passado, 2013, esteve no Rio de Janeiro o Papa Francisco, argentino, que se sentiu fascinado pela calorosa acolhida dos brasileiros e arrastou para o Rio de Janeiro uma multidão de argentinos, que surpreendentemente se sentia em casa na "cidade maravilhosa".

Em julho deste ano, novamente, o Rio de Janeiro, pela magia da Copa, se tornou de novo a meca de uma multidão de argentinos, que tomaram conta do Maracanã e da cidade inteira.

Como a cidade do Rio de Janeiro já não é mais a capital do Brasil, ela poderia ser declarada a capital da Argentina. Nos manuais da utopia, pode haver um capítulo de geografia, encimado pelo título: "Argentina – Capital Rio de Janeiro"!

Esta fantasia me faz lembrar uma cena, vivida no tempo em que eu andava pela Europa, enquanto estudava teologia em Roma. Fui fazer um estágio de "pastoral rural", na França, perto de Lyon, num bonito lugarejo chamado Pomier. Era a região do famoso vinho "Beaujaulais". Mas além dos vinhedos, a região era destino turístico de pessoas que viviam em Paris, mas tinham sua casa de veraneio em lugares pitorescos do interior, como era o caso de Pomier.

Eu estava hospedado na casa paroquial. Mas, num domingo, o padre foi convidado a almoçar na casa de turistas parisienses e fez questão de que eu fosse junto. Então, a presença de um seminarista "brésilien" se tornou o centro das atenções e o motivo da conversação, enquanto se preparava o sofisticado cardápio do dia, com direito a três copos diferentes, para saborear três tipos de vinho.

Os ilustres turistas eram arquitetos e engenheiros, e, como estávamos em 1961, o assunto indispensável era Brasília, a nova capital do Brasil, que acabava de ser inaugurada.

Foi aí que a conversa tomou um rumo divertido, por misturar dados geográficos, que sempre foi o ponto fraco dos europeus. Eles conhecem muito bem todos os seus riachos, mas são capazes de ignorar o Rio Amazonas, pois ele não faz parte do território europeu, que costuma ser o seu limitado horizonte.

Começa pela observação que um deles me fez, quando ficou sabendo que eu era brasileiro. Ele me contou, muito espontaneamente, que tinha um primo pelos lados do Brasil. Perguntei, então,

71

onde morava o seu primo. E me disse com muita convicção: "Ele mora no México!". Percebi então que seus conhecimentos geográficos não levavam muito em conta as distâncias continentais. Enquanto íamos conversando sobre a nova capital, um deles se atreveu a conferir sua geografia e arriscou um palpite dizendo: "Mas... a antiga capital do Brasil era Buenos Aires..."!

Aí, para tirar de letra o embaraço, fui explicando com calma que, na verdade, o Brasil já tinha uma capital muito bonita, que era a cidade do Rio de Janeiro, mas que, por motivos estratégicos, se pensou em construir uma nova capital no centro do território brasileiro.

Percebendo, então, o equívoco cometido, outro engenheiro entrou logo na conversa e, para suprir a ignorância geográfica do seu colega, emendou direto: "Mas é claro, é o Rio de Janeiro". E por sua vez acrescentou: "Não é lá que o Rio Amazonas entra no mar?".

Aí começamos o almoço, pois a conversa preliminar havia sido carregada de percalços geográficos. Mas, se fosse hoje, daria para explicar aos ilustres engenheiros que, ao contrário do suposto, Buenos Aires já não era mais a capital do nosso país vizinho, mas que, por motivos futebolísticos, o Rio de Janeiro tinha se tornado a capital da Argentina!

# Homenagem ao esporte

(06 de julho de 2014)

Independentemente do resultado, pensei em homenagear a Copa do Mundo com a crônica que escrevi anos atrás, quando o Internacional, de Porto Alegre, tornou-se campeão mundial. Daquela vez, o desconhecido jogador Gabiru fez o gol da vitória. Segue a crônica.

## *"Habemus* Gabiru!"

Parecia mesmo castigo. No domingo em que o Inter ia jogar a partida mais importante de sua história, precisei agendar duas missas, justo no horário do jogo. Uma na catedral às sete e meia, outra em Turmalina, às nove horas.

O jeito era rezar durante o jogo, e só saber do resultado depois que tudo tivesse terminado!

Como a missa na catedral era transmitida pela rádio, mandei um recado a Turmalina: a celebração só começaria pelas nove e quinze. Assim ganhava quinze minutos para ao menos conferir o andamento da partida, entre uma missa e outra.

Encurtei o sermão. Afinal, dá para dizer muita coisa em poucas palavras. E pude passar em casa, onde liguei a televisão, apreensivo, para conferir se o Barcelona já tinha feito algum estrago fatal.

Mas não. A batalha estava sendo travada com valentia. Nossos soldados lutavam com determinação. E o sorriso do Ronaldinho era amarelo. Senti firmeza. Desliguei a televisão e parti para Turmalina, onde o povo me esperava, e não estava nem aí com o jogo do Inter. Tinha quinze minutos para devorar trinta quilômetros. Enquanto isso, o Clemer pegaria todas!

Passei voando pelo trevo de Vitória Brasil. Foi lá que em 2002 a Globo filmou com antecedência a vibração do povo pela "vitória" do Brasil, que depois não aconteceu. Pensei: "Quem sabe desta vez daria para aproveitar as imagens, com a vitória do Inter". Por que não?

Antes de iniciar a missa em Turmalina, me certifiquei pela rádio que o primeiro tempo tinha terminado zero a zero. Ainda bem!

Mas agora não havia outro jeito. A missa, com a celebração da crisma, iria durar no mínimo uma hora e meia. Enquanto isso, sabe lá o que iria acontecer no segundo tempo!

Fiquei com a estranha sensação de viver desconectado do mundo, sem saber nada dos momentos decisivos que marcam a história.

Confiei que o Abel saberia tomar todas as providências. Procurei me concentrar na celebração. A Igreja estava cheia, todos atentos à liturgia. Eu também!

Escutei bem as palavras de São Paulo: "Alegrai-vos, vos digo de novo, alegrai-vos!". Será que ele estava falando aos colorados?

O tempo ia passando. Chegou a hora da renovação das promessas batismais. Pelos meus cálculos, a partida devia estar chegando ao final. Fiquei pensando que era mais fácil acreditar na Santíssima Trindade do que acreditar que o Inter estava ganhando do Barcelona. Mas impossível não era. E isto me dava uma teimosa esperança de que no final tudo ia terminar bem!

Olhava pela porta da igreja, não via ninguém se movimentando na praça. Dentro da igreja, ninguém que me fizesse ao menos o sinal de positivo. Nada!

Aos poucos vi alguns carros se movimentando. Calculei que teriam visto o jogo e saíam para espairecer um pouco. Mas ninguém vibrava, não dava para deduzir nada. Também, naquela pacata cidade de São Paulo só havia palmeirenses e corintianos, com certeza nenhum colorado.

Fui me conformando. O silêncio parecia anunciar uma fatalidade. Fazer o quê? Como tudo já devia ter acontecido, não adiantava mais ficar torcendo. Fui concluindo a missa com calma, escutei as longas mensagens das catequistas, dei a bênção ao povo, atendi todos os crismandos que queriam tirar foto com o bispo. Talvez lá no Japão também estivessem tirando fotos. Talvez!

Finalmente, tinha concluído a celebração. Fui tirando os paramentos, fui me despedindo das pessoas e saindo em direção ao carro.

Experimentei de novo a estranha sensação de estar desconectado, junto com a apreensão de receber uma notícia ruim, de estragar o dia inteiro. Preparei o meu espírito para tudo. Afinal, era preciso saber o resultado.

Abri a porta do carro e liguei direto a Rádio Gaúcha!

Reconheci a voz do Abel, que estava dando entrevista.

Parecia calmo, pensei que estava explicando a derrota. Mas, olha só, ele falou que examinou três jogos do Barcelona, espera aí, quer dizer... É isto mesmo! "Foi uma vitória da determinação"!

Bastou ouvir isto do Abel. Com tanta sede de notícias, bastava esta para entender o essencial: uma vitória da determinação! Só podia ser do Inter. E me mandei em disparada pela rodovia. A certa altura, parei para sintonizar de novo a rádio. Justo no momento em que repetia a narração do gol.

Aí entendi tudo! Uma jogada esplêndida, um jogo heroico, uma vitória merecida, um campeão indiscutível!

O Barcelona, cheio de estrelas, com seus nomes badalados e conhecidos em todo o mundo. Mas com certeza nenhum deles tinha sequer ouvido falar do Gabiru!

Eles têm astros famosos, nós temos o Gabiru!

Assim concluí as liturgias da manhã com a melhor das bênçãos, para alegria, sim, de todos os colorados e do Brasil inteiro que torceu com eles: "Aleluia, *habemus* Gabiru!". E somos campeões do mundo!

# Onde nasce o sol

(13 de julho de 2014)

Nestes dias participei em Erexim, minha terra natal, da festa de 50 anos de ordenação sacerdotal do atual bispo emérito daquela diocese, Dom Girônimo Zanandrea.

A data me proporcionou recuperar a memória não só da festa de sua ordenação, há cinquenta anos, mas de diversos outros episódios, tanto mais pitorescos quanto mais antigos.

Em especial, lembrei-me do dia em que partimos juntos, Dom Girônimo e eu, para o pré-seminário de Frederico Westphalen, que naquele tempo ainda se chamava "Barril".

Era fevereiro de 1950. Portanto, o ano em que iria se realizar a Copa do Mundo aqui no Brasil. Assim se misturou a incômoda lembrança do "maracanaço" com o fiasco da seleção brasileira na atual Copa do Mundo, igualmente realizada no Brasil.

Naquele fevereiro de 1950, embarcamos no ônibus que iria nos levar, naquele dia, até Iraí, de onde, no dia seguinte, prosseguiríamos viagem até Barril. Naquele tempo se demorava dois dias para fazer o trajeto que, em condições normais, hoje se faz em quatro horas, no novo traçado das estradas.

Mas, por coincidência, em vista dos estragos feitos nas rodovias pelas enchentes que naqueles dias atingiram o estado do Rio

Grande do Sul, para chegar a Erexim precisei passar pela antiga rodovia que naquele tempo demandava em direção a Iraí, passando pela reserva indígena de Faxinalzinho, atravessando o Rio Passo Fundo na sua foz no Rio Uruguai.

Havia décadas que não passava por lá. Na verdade, o caminho, naquele tempo, fazia um ziguezague, indo primeiro em direção norte, passando pelo porto de Goio-en, enveredando depois em direção sul, passando por Nonoai, retomando em seguida à direção norte, até chegar a Iraí, de onde se retomava a direção sul, até chegar a Frederico.

Pois foi esse ziguezague das rodovias que me levou a uma experiência pitoresca, que me fez incidir num erro geográfico que levei muito tempo para desfazer.

Desde que embarquei no ônibus, fiquei atento para ir me situando. Como referência básica, guardei bem na memória que do lado direito do ônibus, onde estava sentado, era o lado onde o sol nascia, como pude comprovar quando embarquei.

Acontece que no segundo dia da viagem o tempo fechou e choveu o dia inteiro. E não pude ver o sol. Mas tinha a certeza de que o nascente ficava à minha direita.

Aí morava o engano. Pois como, a partir de Iraí, a estrada seguia em direção sul, eu continuei achando que o oriente estava à minha direita. Ao passo que era, exatamente, o contrário. Assim foi que, ao chegar ao local de destino, no seminário de Frederico, marquei bem os pontos cardeais, em especial o lado do sol nascente.

Mas qual não foi minha surpresa, no dia seguinte, ao constatar que o sol nascia do lado oposto. Fiquei impressionado. E tomei como referência este fato surpreendente: em Frederico, o sol nascia do outro lado!

Ainda lembro da primeira carta que escrevi aos familiares. Contei que "em Frederico era tudo, mais ou menos, a mesma coisa. Só o sol nascia do outro lado!".

Levei tempo até me desfazer deste equívoco.

Agora, depois de sessenta e tantos anos, quando está na hora de olhar mais para o ocaso do que para o nascente, começo a entender melhor o simbolismo daquele engano inicial. A tênue luz da fé, e o brilho luminoso da Escritura, me garantem que eu estava certo.

Pois na verdade, lá onde fica o nosso ocaso humano, é o lugar onde aparece "o Sol nascente, que ilumina todo o homem que vem a este mundo".

Há outro Sol, que, não por acaso, começa a brilhar lá onde acontece o ocaso natural de nossa vida. O Apocalipse nos garante que "a nova Jerusalém não precisa de sol nem de lua, pois a glória de Deus será sua luz, e o Cordeiro será sua lâmpada".

A partir deste novo Sol, as estradas da vida tomam seu rumo verdadeiro!

# Muros que dividem

(16 de outubro de 2011)

Na semana passada, Tijuana, no México, foi sede do Congresso Eucarístico Nacional. Cidade situada no extremo noroeste do México, na divisa com os Estados Unidos, de fronte à cidade americana de San Diego, Tijuana tem diversos motivos para merecer destaque especial.

A partir de agora, com certeza, pode acrescentar mais um, muito positivo, pela exímia organização deste Congresso, realizado com esmero e agraciado por dias de clima agradável, que tornaram Tijuana ainda mais acolhedora e hospitaleira, além de mostrar a consistência da religiosidade do seu povo, que se revelou de maneira esplêndida no Congresso Eucarístico.

Mas o fato de estar às portas dos Estados Unidos faz com que a cidade se veja às voltas com a complexa problemática da migração, que nos últimos anos se agravou, aumentando o número de vítimas, muitas delas perdendo a vida na tentativa justamente de buscar sua sobrevivência além-fronteiras.

Se já para o país inteiro do México é um desafio conviver com a proximidade dos Estados Unidos, precisando ao mesmo tempo resguardar sua identidade nacional e manter um relacionamento adequado com a potência americana, muito mais esta tensão é vivida por uma cidade, como Tijuana, que se defronta abertamente com a realidade do outro país, que se escancara do outro lado da fronteira, tão próxima e ao mesmo tempo tão inacessível.

Dessa maneira, acontece que a cidade acaba vivenciando uma problemática que não é só dela, mas de todo o país. E mais. Uma cidade como Tijuana acaba, na verdade, carregando o encargo de explicitar problemas que são de todos os países que fazem parte do desequilíbrio existente entre situações tão contrastantes, as quais se traduzem em desigualdades gritantes, à vista em regiões fronteiriças.

Já ao sair do aeroporto de Tijuana, quem chega recebe logo um baque, mais violento do que um soco no rosto. Pois em frente ao aeroporto já começa a fronteira que separa os dois países. O muro parece ameaçar quem dele se aproxima. Como se não bastasse o muro antigo, já enferrujado, foi construído outro atrás dele, mais alto, mais resistente, encimado de espesso arame farpado. A mensagem é clara e contundente. É proibido passar, é perigoso se aproximar.

Com certeza, este muro não vai cair tão facilmente, porque suas causas vão durar muito tempo. Elas não se encontram aí na fronteira. Estão inseridas na dinâmica interna da economia mundial, que produziu desigualdades tão gritantes que se mostram à vista em alguns pontos críticos, onde as diferenças se traduzem em tensões que precisam ser contidas com firmeza, pois facilmente descambam em violência.

Essa problemática difícil levou a Igreja do México a escolher Tijuana como sede do Congresso Eucarístico. No meio dessa problemática complicada e difícil, de separação e exclusão, era importante colocar, com serenidade e coragem, a mensagem de reconciliação e de paz que o sacramento da Eucaristia continua testemunhando, independentemente das situações em que nos encontramos. O lema do Congresso Eucarístico não deixava dúvidas: "Eucaristia, mesa fraterna para a reconciliação e a paz".

Diante do muro, com sua prepotência de imposição e de fatalidade, era necessário abrir o horizonte da esperança, fundada na força diferente do Evangelho. As palavras de São Paulo aos Efésios pareciam endereçadas de propósito para o contexto vivido por este Congresso Eucarístico: "Cristo é a nossa paz. De ambos os povos, fez um só, tendo derrubado o muro de separação e suprimido em sua carne a inimizade" (Ef 2,14).

Conciliar a utopia cristã com a dura realidade dos muros que ainda permanecem de pé é um desafio que Tijuana enfrentou neste Congresso, e que certamente merece oportunamente outras reflexões.

# À luz da ética

# O susto da clonagem

(Março de 1997)

Repercutiu intensamente, no mundo inteiro, a experiência científica da clonagem de uma ovelha, realizada em Edimburgo, na Escócia. Pela primeira vez, os cientistas conseguiram reproduzir um organismo idêntico de um animal, partindo de uma célula adulta, da qual foi isolado o DNA, que define as características genéticas de um indivíduo, e que unida a um óvulo possibilitou o nascimento de uma ovelha perfeitamente igual à outra da qual se tinha tirado a célula para o experimento.

Junto com o encantamento pelo resultado da experiência, todos começaram a se perguntar sobre o que poderia acontecer se estas experiências fossem feitas em organismos humanos. E a imaginação foi logo desenhando o cenário da "clonagem" de alguns personagens famosos, que assim poderiam ser reproduzidos e existir simultaneamente em diversos lugares.

Deixando de lado as férteis imaginações que enfatizam o lado pitoresco da questão, do mundo inteiro se manifestam, em uníssono, as apreensões sobre a urgente necessidade de disciplinar o uso da biogenética em seres humanos. Mais do que nunca, a ovelha "Dolly" mostrou a importância de critérios éticos para colocar a ciência a serviço da vida e da dignidade humana. O avanço da biogenética urge que seja acompanhado por avanços da bioética. É salutar cons-

## Palavras que permanecem

tatar como a humanidade estremece quando se mexe com a vida humana e desperta para a urgência de agir com responsabilidade.

Refeitos do susto, aos poucos se situa melhor o alcance da experiência, que ainda precisa ser observada de perto para elucidar todas as interrogações científicas que ainda permanecem. E sobretudo para clarear algumas observações éticas, que é bom explicitar. Uma delas é que nós não somos ovelhas. Somos pessoas. E pessoa é única, não pode nunca ser "clonada", duplicada. Aí está a grande diferença. Um animal, como a ovelha Dolly, se limita a ser o seu organismo, que duplicado pela clonagem se torna simplesmente outra ovelha, igual à anterior. Se fosse "clonado" um organismo humano, não resultaria simplesmente um outro organismo. Mesmo que ele tivesse as mesmas características genéticas, seria outra pessoa, que agiria com sua liberdade e construiria uma personalidade diferente. A ovelha Dolly está nos ajudando a perceber em que consiste nossa identidade de pessoas humanas. E daí resulta uma porção de diferenças, que talvez fosse oportuno ir explicitando, até para antecipar a superação de dúvidas que poderiam perturbar a compreensão adequada das possibilidades que a ciência nos abre.

Por exemplo, se fosse "clonado" um organismo tirado de uma célula guardada viva de uma pessoa já falecida, resultaria um organismo bem igual ao falecido. Mas seria outra pessoa, não seria em absoluto a ressurreição do falecido. Seria como um irmão gêmeo, nascido porém muitos anos depois do outro, inclusive nascido depois que o outro já tivesse morrido.

Por aí podemos entender quantas implicações haveria com a aplicação destas experiências em seres humanos. E como de fato é preciso ter muita responsabilidade, e até proibir terminantemente que se façam estas experiências em seres humanos, ainda mais porque elas ainda não foram dominadas completamente, seja na sua técnica, seja no alcance de seus resultados.

Mas o motivo das precauções não é só este. As lições da história nos mostram com evidência que o uso da ciência não é neutro, não é inocente, e pode provocar desastres. Basta recordar a bomba atômica e perceber as advertências da ecologia. E sobretudo lembrar as aberrações do nazismo, que tentou manipular a genética para criar uma "raça humana superior". Ora, aí está o grande equívoco, que infelizmente pode ser produzido sobretudo por ambições de dominação e de exploração, tão presentes em quem quer deter o domínio da moderna biogenética e patenteá-la com o fim de garantir lucros econômicos. A ambição de alterar a "raça humana" implica sempre em desprezo pelo homem que somos. A esse equívoco se deve contrapor, com ênfase, o respeito e a valorização de nossa identidade humana com as enormes, quase infinitas, potencialidades que já possuímos, para serem desenvolvidas e levadas à plenitude pelo empenho pessoal e solidário de toda a humanidade. A própria ciência, por exemplo, nos mostra que utilizamos, se muito, dez por cento da capacidade de nosso cérebro. Nosso problema não é alterar nossa condição humana. É realizá-la em profundidade, respondendo ao grandioso projeto que já está inscrito em nossa natureza.

# A urgência da ética

## (2016)

Verifica-se hoje uma nova emergência da ética. Essa emergência da ética pode ser considerada um dos sintomas mais promissores que temos hoje. A ética é vista com uma urgência que precisa de aplicação imediata.

São diversas as causas deste ressurgimento da ética. Mas todas elas podem ser resumidas numa só: quando a vida humana está em causa, urge-se que todas as realidades sejam ordenadas em função dela.

Colocar as realidades em referência com a vida humana é, exatamente, explicitar as dimensões éticas que essas realidades possuem.

A consciência ecológica contribuiu muito para o despertar ético em nossa época. Pois a ecologia é a expressão das condições vitais básicas, que precisam existir e ser preservadas, em função da vida. A recente encíclica *Laudato sí* recolhe bem a dimensão ética que precisa presidir nosso relacionamento com a natureza, e o cuidado que somos chamados a ter com nossa "casa comum".

Mas a deterioração das instituições também faz apelo à ética. Sobretudo a deterioração da política, pela corrupção, vem suscitando uma indignação ética, que deveria continuar existindo sempre mais, e não ser diluída ou sufocada pela truculência da prática da corrupção, que parece se avolumar à medida que é justificada pelo mau exemplo que vem de pessoas revestidas de maior autoridade.

O apelo da ética surge também diante da instrumentalização dos mecanismos políticos para fins particulares. Houve um violento processo de privatização do público. É urgente desprivatizar o Estado.

A direção para estas correções de rumo, que se fazem urgentes, é apontada pela ética. Isto é, pelo critério da vida humana, pelo referencial da dignidade humana, dos direitos humanos, enfim, pelo valor da pessoa humana, pelo valor absoluto da vida humana. Neste contexto toma sentido a afirmação de que o homem é o caminho. O homem é a primeira medida para ordenarmos o mundo. Sempre lembrados de que, se queremos preservar e viabilizar a vida humana, é indispensável a sintonia com o meio ambiente, que precisa sempre ser levado em conta.

Na palavra do Papa João Paulo II, "o caminho da Igreja é o homem".

Cristo foi muito claro e contundente em propor o homem como referência para a própria religião. Isto é, em propor a ética como primeiro caminho para direcionar corretamente a religiosidade. "O sábado foi feito para o homem, e não o homem para o sábado". A religião foi feita para o homem, e não o homem para a religião. Ele deixou claro também que a religião em si, desconectada do homem, perde o seu rumo, perde o seu sentido. Foi a questão que ele propôs aos fariseus que achavam que o homem da mão seca não devia pedir milagre em dia de sábado. Jesus pôs a eles esta questão, aparentemente disparatada e sem sentido: "É lícito fazer o bem ou fazer o mal em dia de sábado, salvar uma vida ou matar?" (Mc 3,4). Com isto Jesus estava mostrando que a religião, em si mesma, não serve de referencial ético.

É diante do valor da vida humana que também a religião toma valor.

Cristo relativizou a religião diante da vida humana. "Mulher, acredita-me, vem a hora em que nem nesta montanha nem em Jerusalém adorareis o Pai... Os verdadeiros adoradores adorarão o Pai em espírito e verdade" (Jo 4,21.23).

É por isso que alguns dizem que Jesus veio acabar com as religiões. Veio relativizá-las, isto sim. E colocá-las a serviço da vida humana. Por isso, é possível que muitos "ateus" autênticos estejam mais próximos da verdade do que muitos "religiosos".

Na verdade, com sua prática religiosa, Cristo veio dar força à ética, para que ela seja reconhecida como suporte indispensável para os "verdadeiros adoradores".

# Tráfico humano

(09 de março de 2014)

O tema da Campanha da Fraternidade deste ano de 2014 começa nos intrigando. Pois parece acenar para um assunto que não faria parte de nossa realidade. Ao falar de "tráfico humano", num primeiro momento a expressão pareceria exagerada, dado que o regime de escravidão já foi banido em todos os países, ao menos oficialmente.

Acontece que esta é uma realidade tão disfarçada que facilmente é encoberta e passa desapercebida, valendo-se de expedientes muito sofisticados que produzem situações de verdadeiro comércio de pessoas humanas, altamente lucrativo, às custas do regime de verdadeira escravidão em que muitas pessoas se veem envolvidas.

Por isso, desta vez, a Campanha sugere que, primeiro, nos demos conta da verdadeira dimensão da realidade que deve ser denunciada como um verdadeiro "tráfico de pessoas", que acontece em nosso tempo, fruto dos diversos tipos de exploração a que são submetidas milhões de pessoas.

Desta vez a Campanha começa nos alertando a sermos mais perspicazes, para perceber as tramas em que muitas pessoas se veem enredadas, e delas não conseguem mais se desvencilhar.

A primeira tarefa, portanto, é conferir a realidade, ajudados pelas estatísticas que a própria ONU nos apresenta.

Mesmo sabendo como é difícil obter dados precisos a respeito de uma realidade que costuma ser acobertada, os dados são mais do que suficientes para flagrar a gravidade da situação.

Vale a pena deter-nos, num primeiro momento, a olhar os fatos.

Segundo cálculos feitos a partir de constatações comprovadas, o tráfico de pessoas humanas rende anualmente trinta e dois bilhões de dólares.

De acordo com a Organização Internacional do Trabalho, vinte milhões de pessoas são vítimas de trabalho forçado. Destas, 4,5 milhões (22%) são exploradas em atividades sexuais forçadas; 14,2 milhões (68%), em trabalhos forçados em diversas atividades econômicas; 2,2 milhões (10%) pelo próprio Estado, sobretudo os militarizados.

Segundo a mesma pesquisa, 11,4 milhões (55%) são mulheres e jovens; 9,5 milhões (45%), homens e jovens.

Em relação à idade: 15,4 milhões (74%) são adultos; os outros 5,5 milhões (26%) têm até 17 anos, o que mostra ser alto o número de traficados entre crianças e jovens.

As vítimas do tráfico humano são presas fáceis dos que se aproveitam de situações de vulnerabilidade na luta pela sobrevência. Os aliciadores iludem pessoas com promessas de emprego garantido, alta remuneração, documentação assegurada, entrada para o mundo dos modelos de grandes marcas ou para o mundo dos artistas de muitas áreas, especialmente a dança.

Aparentemente, nada que se pareça com tráfico. Por isso, as pessoas enredadas não querem falar, por constrangimento de reconhecer que foram ludibriadas, por vergonha de contar o que estão passando.

É um crime invisível e silencioso, que descobriu na fraqueza humana o jeito de se disfarçar para encobrir os seus procedimentos.

Como o cego de Jericó, sentado à beira do caminho, também pedimos: "Senhor, que eu veja!". Esta Campanha tem ainda outras realidades a nos mostrar!

# Órgãos: tráfico e doação

**(16 de março de 2014)**

Um dos bons ofícios da Campanha da Fraternidade é estimular nossa reflexão. A questão do tráfico humano nos leva a ponderações sobre o nosso corpo. Ele está no centro da questão do tráfico humano: está em jogo o corpo. Ele sofre a exploração. O corpo é ao mesmo tempo expressão visível da vida humana e condição indispensável de sua existência. Se o corpo exerce corretamente suas funções, a vida flui, exuberante. Se o corpo tem dificuldade de funcionamento, a vida padece. O atestado de morte mais radical é o médico constatar a "falência múltipla dos órgãos".

Por mais que cultivemos a certeza de uma sobrevida, que ultrapasse nossos condicionamentos físicos, a vida humana nunca deixa de se expressar através do corpo. Ele é um "organismo" integrado de forma admirável e prodigiosa, com todos os seus "órgãos" funcionando a serviço do prodígio maior, que é a vida humana.

Os múltiplos órgãos do corpo funcionam a serviço da vida humana. O cuidado com o corpo ultrapassa sua consistência física. Sua finalidade não se detém no corpo. Ele se posiciona em direção à vida.

O corpo está em função da vida. E a própria vida humana encontra seu sentido mais profundo quando ela também encontra uma finalidade maior, que a justifica plenamente.

"Ninguém vive para si mesmo", alerta São Paulo. Nossa vida também não é "autorreferencial". Ela gira em torno de um mistério maior.

Aí entra uma questão central que a Campanha da Fraternidade levanta neste ano. Como usar do corpo, para que ele esteja plenamente a serviço da vida.

Salta aos olhos a perversidade de quem se julga no direito de dispor de órgãos humanos, fazendo deles mercadoria, colocada à venda para fins lucrativos.

Dessa maneira se explora o corpo humano, com os expedientes usados para a obtenção dos órgãos que são vendidos como mercadorias, pervertendo sua finalidade, fazendo do corpo um instrumento de exploração, ferindo a dignidade humana.

Tanto a finalidade como os procedimentos para obtenção forçada de órgãos se tornam, assim, desumanos e antiéticos.

Quando, porém, a pessoa humana, consciente do significado transcendente de sua vida, de modo próprio decide colocar gratuitamente seus órgãos, que permanecem sempre a serviço de sua vida pessoal, eventualmente a serviço da vida de outras pessoas, que estiverem na dependência de receber tais órgãos, aí a situação muda de sentido, radicalmente.

Pois, neste caso de doação livre dos órgãos, eles são colocados a serviço da vida humana.

Assim, a doação livre dos próprios órgãos, para ficarem à disposição de pessoas que necessitam deles, é um gesto que toma sentido na finalidade suprema da existência humana, que consiste em doar a própria vida por amor.

Para que a doação de órgãos tenha este sentido, é preciso que seja feita em plena liberdade. Como fez Jesus. Ele enfatizou claramente: "Ninguém tira minha vida, eu a dou livremente" (Jo 10,18).

O corpo humano pode, assim, ser colocado como expressão do amor, que justifica a doação total da própria vida. É isto que está na origem do sacramento da Eucaristia. Tendo assumido um corpo humano, o Filho de Deus fez deste corpo o sinal maior de seu amor. A Quaresma recorda e revive este gesto maior de Cristo. Ele entregou seu corpo para expressar seu amor por nós!

# Cidadania universal

## (09 de fevereiro de 2014)

O carnaval neste ano chega um pouco mais tarde. De tal modo que a Quarta-Feira de Cinzas vai acontecer só no dia cinco de março.

O aproximar-se da Quaresma, para nós no Brasil, significa a emergência de um tema relevante, trazido pela Campanha da Fraternidade. Ela vem se realizando todos os anos, desde 1964. Desta vez com um assunto difícil, pois aborda questões que circulam mais nos porões da opinião pública do que nas pautas estabelecidas diariamente.

Trata-se do Tráfico Humano. Este é o tema da Campanha da Fraternidade deste ano de 2014: "Fraternidade e Tráfico Humano".

Ele vem acompanhado de um lema, de inspiração bíblica, que vai logo apontando critérios para a compreensão do assunto, sugerindo também posicionamentos práticos para a ação pastoral.

Desta vez o lema é citação de uma das sentenças mais fortes e contundentes do Apóstolo Paulo. De maneira categórica afirma com convicção: "É para a liberdade que Cristo nos libertou!".

Pode ser que alguns estejam inclinados a perguntar se existe mesmo o "tráfico humano". Ou, quando muito, admitem que existam casos isolados, certamente longe da realidade em que vivem.

Mas quando tomamos conhecimento de situações que envolvem pessoas acidentadas, quando, em vez do pronto atendimento para salvar os envolvidos, parece haver um indisfarçável desejo de que venham a morrer, para assim sobrar mais órgãos para serem comercializados, sentimos então como este problema de "tráfico humano" pode existir, sim, e pode assumir diversas modalidades, em circunstâncias também desconhecidas.

Parece o cúmulo da perversão do sistema econômico, em que tudo se reduz a mercadoria, que pode ser vendida ou comprada, entrando nesta categoria também as pessoas, que, dependendo de certas circunstâncias, podem virar mercadorias a serem simplesmente negociadas.

Para enfrentar esta mentalidade perversa é necessário desmascarar esta realidade e mostrar os interesses escusos que presidem e articulam este tráfico.

Para isso, é indispensável dispormos de convicções bem arraigadas, que advogam com lucidez e firmeza a sacralidade de toda pessoa humana, independentemente de qualquer caracterização. Todos somos portadores de uma dignidade inalienável, que nos acompanha desde o início de nossa trajetória humana.

Lembro que em uma das diversas reuniões continentais, convocadas para escutar a sociedade mundial, tive a oportunidade de insistir na proposta de que todo ser humano, pelo simples fato de existir, deveria gozar de um reconhecimento mundial, admitido por todos.

Este reconhecimento precisaria assumir uma forma jurídica que lhe garantisse minimamente seus direitos. Ela se traduziria em forma de "cidadania universal", a ser devidamente registrada e documentada.

A declaração universal dos direitos humanos, feita pelas Nações Unidas logo no início de sua existência, se constituiu em estatuto consistente, que foi conquistando sempre maiores adesões.

O estatuto da cidadania universal, pelo qual cada indivíduo seria reconhecido como "cidadão do mundo", efetivaria na prática os "direitos humanos", garantindo sua vigência em favor de todos, não só das minorias privilegiadas do mundo.

Assim, a cidadania universal daria eficácia verdadeira aos direitos humanos.

# Bíblia e direitos humanos

(30 de março de 2014)

A Campanha da Fraternidade vem despertando um novo interesse pela Bíblia. O tema do tráfico humano já tinha surpreendido pela amplitude do fenômeno e pela assiduidade com que ele se verifica no mundo de hoje, apesar de todas as providências tomadas para garantir os direitos humanos a todas as pessoas.

Agora, buscando as referências bíblicas para o assunto, eis que nos deparamos com outra surpresa. O fenômeno do tráfico humano é corriqueiro na Bíblia.

O caso mais emblemático é a história constrangedora dos filhos do Patriarca Jacó. O mais novo deles, José, foi vendido por seus irmãos por vinte moedas de prata. Um caso típico de tráfico humano, e praticado entre irmãos.

Verdade que a história teve um "final feliz", com o sucesso obtido por José no Egito e pelo reencontro com seu velho pai. Mas o episódio não deixa de ser colocado nas origens do assentamento do povo de Israel no Egito, onde acabaria caindo na escravidão, fruto indesejado da venda de José, mesmo que fruto bastardo, amadurecido lentamente.

O fato é que o tráfico humano manchou o povo de Israel desde o seu nascedouro, na época dos seus patriarcas.

Aí se coloca uma questão importante, que precisa ser bem dirimida. Acontece que a Bíblia, ao longo de todo o Antigo Testamento, está repleta de episódios violentos, de intrigas, de violências, de guerras, de assassinatos, chegando até a situações de genocídios, com a matança de pequenas populações que residiam na antiga Palestina, para ceder lugar aos israelitas, que acabaram se impondo e dominando toda a região. E tudo isso interpretado como um sinal de bênção de Deus em favor do seu povo escolhido.

Dependendo de como é olhado, o Antigo Testamento pode ser visto como um relato de violências, justificadas em nome de uma crença colocada a serviço da pretensa superioridade de um povo sobre os outros.

Esta visão levou muita gente, com sensibilidade humana refinada, a descrer da Bíblia, relegando-a a meros relatos tribais, sem nenhuma relevância humana.

Que dizer disto e como recuperar o valor transcendente da Sagrada Escritura?

Em primeiro lugar, precisamos nos dar conta de que a Bíblia não se exime de sua dimensão humana. Ao contrário, ela a assume propositalmente, para mostrar que se identifica com o lento caminhar da humanidade, dentro do qual vai emergindo cada vez mais claramente o desígnio de Deus, "de formar um povo que o conheça na verdade e o sirva na santidade". É esta humanidade, carregada de ambiguidades e de perversidades, que Deus se propôs redimir e salvar "pela força do seu braço".

Em segundo lugar, é preciso dar-nos conta do valor simbólico dos fatos relatados pela Bíblia. Quando, por exemplo, Deus prometeu a Abraão uma numerosa descendência, e pediu que saísse de sua terra e se dirigisse para a terra que Deus iria lhe mostrar, a Bíblia não diz onde estaria esta terra. Pois na verdade ela não estava em lugar nenhum. A nova terra prometida a Abraão não era um território determinado. Era o símbolo da bênção que Deus queria conceder a todas as famílias humanas. Esta era a "terra prometida".

Se a promessa de uma nova terra não recuperar o valor simbólico que lhe foi dado por Deus, permanecem os equívocos das disputas por território, como infelizmente ainda se verifica hoje.

Como Abraão, e como São Pedro, nós também "esperamos novos céus e nova terra", não na Crimeia nem em Israel, mas na prática da justiça e na vivência da fraternidade.

# Código Florestal

### (27 de fevereiro de 2011)

Se há um assunto que precisa ser bem pensado é o Código Florestal. Ele implica com o meio ambiente. Mas implica também com a viabilidade da agricultura. E, em decorrência, com a produção de alimentos e com a sobrevivência de milhões de agricultores. A abordagem deste assunto requer equilíbrio e bom senso. É necessário levar em conta o conhecimento científico e as advertências da ecologia sobre a preservação do meio ambiente. Mas é preciso igualmente levar em conta os grandes avanços tecnológicos da agricultura, que possibilitam agora colocar em outros termos a preservação ambiental.

Por isso, o Código Florestal não pode se abrigar debaixo de uma bandeira única. Seja ela bandeira dos ecologistas, seja bandeira do agronegócio, seja bandeira dos agricultores familiares, ele precisa atender ao mesmo tempo a todas as demandas legítimas dos diversos reclamos que devem encontrar audiência num novo Código Florestal, que leve em consideração o conjunto dos aspectos a serem devidamente contemplados.

Uma das evidências que salta aos olhos, e precisa ser levada em consideração, é a grande diversidade de solos existentes no território brasileiro. Um Código Florestal sábio e adequado precisa ter como ponto de partida essa diversidade, que não pode ser impunemente padronizada. Precisa ser um código que comporte adequações e averiguações de circunstâncias. O assunto tem semelhança com os biomas. Demorou tanto para nos darmos conta da diversidade de biomas existentes no Brasil! O retrocesso real seria agora um Código Florestal que ignore essa diversidade.

Outra evidência é o avanço tecnológico na agricultura, já amplamente assimilado, sobretudo a grande diferença que faz o plantio direto, pelo qual se evita a erosão. Há certos dispositivos do atual Código Florestal que demonstram completo desconhecimento desta nova técnica, que veio revolucionar o cultivo de grãos em nosso país.

Com o plantio direto fica mais do que superada a prescrição de não utilizar para a agricultura os solos que tenham 45% de inclinação. Os agricultores que constatam esta distorção se irritam justamente e passam a desacreditar da validade do atual Código. Na verdade, se aplicados estes dispositivos, ficariam inviabilizados milhões de pequenos empreendimentos agrícolas, provocando um problema social inútil e de grandes proporções, que precisa ser evitado a todo custo, em última análise pela responsabilidade da Presidência da República.

Tive o cuidado de fazer uma breve pesquisa. No pequeno município denominado Sul Brasil, no oeste catarinense, na região de Chapecó, o prefeito empreendeu um amplo programa de preservação do solo em vista da viabilização da agricultura, atividade de quase todos os 3.500 habitantes, num território de 114 quilômetros quadrados. Pois bem, em todo o pequeno município foram encontrados 83 veios de água, que formam "sangas", que demandam aos córregos Pesqueiro e Burro Branco, os quais delimitam o município. De comum acordo, a prefeitura incentivou os agricultores a preservarem as margens, numa largura de dez a doze metros, em vez dos trinta que o Código prescreve. A solução, incentivada pela prefeitura que forneceu gratuitamente o arame farpado para as cercas, ficou de bom tamanho, e os agricultores de Sul Brasil continuam, como brasileiros imbatíveis, cultivando com competência e com amor a terra que os acolhe e responde com generosidade ao seu nobre trabalho.

Esta foi a solução para o Sul Brasil. Cada município precisa encontrar a sua. E quem quiser opinar sobre o Código Florestal precisa primeiro passar pelo teste de distinguir entre "fonte", "vertente", "sanga", "córrego", "riacho" e rio.

Se fosse urgir a aplicação do atual Código, ficaria inviabilizado não só o município de Sul Brasil, mas grande parte do oeste catarinense, e muitas outras regiões do país. O debate em torno das mudanças a serem introduzidas no novo Código Florestal exige competência e responsabilidade.

# Planeta Terra: preocupações

(13 de março de 2011)

Neste ano a Campanha da Fraternidade coloca o planeta Terra no centro de nossas atenções. Mesmo que a formulação do tema coloque a vida como primeira referência, na verdade o foco se dirige para o planeta, visto como fator indispensável à vida e olhado com apreensão, em decorrência da profunda dependência da vida em relação a ele.

Todos logo nos damos conta de quanto foi oportuna a decisão da Igreja de colocar este assunto como tema da Campanha da Fraternidade deste ano de 2011 – "A Vida no Planeta" –, acompanhado de um lema tirado da Bíblia: "A criação geme em dores de parto!".

Está posto o assunto e lançado o alerta: o momento exige atenção e cuidado para que se superem as apreensões e se confirmem as esperanças de que o planeta Terra continue cumprindo sua crucial função de garantir que a vida tenha condições de prosseguir com sua dinâmica positiva.

O tema *vida* já tinha sido colocado em outras Campanhas. Pouco tempo atrás, as reflexões se centraram em torno da vida humana, ressaltando sua sacralidade, sua preciosidade, sua transcendência e sua referência ética indispensável.

A Campanha deste ano, sem desmerecer estas referências próprias da vida humana, faz a singela mas decisiva constatação de que não só a vida humana, porém todo o sistema vital que conhecemos, depende das condições que o planeta Terra proporciona.

É bom viver, mas é importante descobrir e ressaltar os fatores que nos permitem viver! Podemos, então, nos dar conta da importância do planeta como matriz dos sistemas vitais, profundamente interdependentes na sua complexidade e fundamentais para tornar possível a vida humana, que será sempre nosso indispensável ponto de referência ao considerarmos a função vital do planeta.

Nossa vida participa das condições do planeta. Ela depende deste planeta. A terra é a nave espacial, onde todos os seres vivos embarcaram, com uma complexidade bem maior do que a imaginada pela arca de Noé.

Nossa vida depende da vida no planeta. Dito de maneira mais contundente, como alguns preferem, nossa vida depende da vida do planeta. Pois dada a íntima correlação entre os seres vivos e o planeta Terra, o próprio planeta pode ser visto como um grande organismo vivo, que abriga e suscita todas as formas de vida nele existentes.

É salutar a consciência desta dependência em relação ao planeta. Assim somos levados a nos preocupar com suas funções vitais e verificar em que condições elas se encontram.

Neste sentido, a Campanha deste ano apresenta dois sintomas preocupantes, através dos quais nos interrogamos sobre a situação vital do planeta. Trata-se do aquecimento global e das mudanças climáticas.

É compreensível que o assunto seja abordado a partir de sintomas. Pois a vida é tão complexa que não é fácil abordá-la diretamente. Como fazem os médicos com nosso organismo humano, ficam atentos aos possíveis sintomas apresentados para discernir o estado de saúde em que o paciente se encontra. Assim somos chamados a fazer com este paciente todo especial, o planeta Terra.

O primeiro sintoma é mais mensurável e fácil de comprovar. A temperatura média do planeta está aumentando. Impressiona constatar a estabilidade das condições vitais oferecidas pelo planeta. Os cientistas se admiram, por exemplo, da dose adequada de oxigênio na atmosfera, na medida justa para possibilitar a vida. Assim a temperatura média vinha se mantendo estável ao longo de milênios. Mas, a partir da revolução industrial, é inegável que começou a aumentar. Esta constatação, junto com outros sintomas das mudanças climáticas, menos mensuráveis mas intuídos espontaneamente, levantam diversas interrogações sobre suas causas e consequências.

A Campanha nos estimula a clarear estas interrogações para situar melhor nossas responsabilidades.

# Terráqueos inveterados

### (10 de abril de 2011)

Estamos descobrindo que dependemos do planeta Terra muito mais do que imaginávamos. Somos umbilicalmente ligados a ele. Visceralmente envolvidos pelo ritmo de seus movimentos. Condicionados às oportunidades que ele nos proporciona. Na verdade, somos terráqueos. Somos fruto do planeta. Não vivemos nele como em casa alugada, da qual podemos nos livrar a hora que quisermos. Somos fruto deste laboratório de ingredientes vitais que o planeta Terra vai proporcionando e dos quais somos o resultado, junto com os outros seres do planeta, com os quais compartilhamos a fortuna de fazermos parte deste minúsculo astro, que se insere de maneira tão esplêndida no concerto das galáxias.

A imaginação humana, que a Bíblia testemunha, já tinha elaborado a eloquente figura do boneco de barro, no qual foi infundido o sopro da vida. Sim, já existia esta versão simbólica, que parecia dar conta o suficiente de nossa relação com a terra. Somos feitos de barro, mesmo que possuindo um espírito que vem de fora, de outra fonte, de outra natureza.

Assim, em vista de nossa condição espiritual, pretenderíamos nos distanciar da Terra e fazer de conta que ela nos proporciona só um componente inferior de nossa natureza, do qual podemos nos livrar, como filhos espúrios que rejeitam sua mãe.

Acontece que nossa dependência da Terra é muito mais profunda e constante. Muito além do barro que herdamos da natureza. Senão, vejamos.

É a Terra que nos proporciona a alternância dos dias e das noites, pois os dias resultam da rotação sobre si mesma, que a Terra nunca se cansa de praticar.

Assim, é a Terra que nos brinda com o encanto da madrugada e a beleza do pôr do sol.

Elegante e persistente, ela não sai do ritmo nem um segundo. Ela continua firme e constante, ao longo dos bilhões de anos que já carrega nas costas, assumindo os impulsos misteriosos que vêm da sinfonia do universo infinito de que ela faz parte.

Com seu constante movimento, determina o ritmo diário de nossa vida. Ela nos leva para a cama de noite e nos acorda de manhã. Nossos dias são presentes que a Terra nos oferece incansavelmente.

Mas a Terra não determina só os nossos dias. Ela formata nossos anos. Pois cada ano é fruto do tempo que a Terra leva para fazer o giro ao redor do sol.

Os anos que vivemos, portanto, são constituídos pelo movimento de translação da Terra em torno do sol.

Faz parte de sua lei não se afastar do sol nem se expor demais a ele. Por isso, como elegante dançarina, enquanto corteja o sol girando ao seu redor, ela toma o cuidado de alternar a exposição do seu corpo robusto e formoso, para que nem se esfrie demais nem se aqueça fora dos parâmetros convenientes.

Assim a Terra nos proporciona o verão, mas nos tempera com o inverno. Ela nos encanta com a primavera, mas nos comove com o outono, advertindo que não duram sempre as energias vitais que nos animam.

110

É muito mais profunda, portanto, nossa dependência da Terra. Carregamos sua natureza. Não só por um punhado de pó, que possibilitou o sopro divino encontrar materialidade e concretude. Podemos ampliar o simbolismo da Bíblia. O boneco verdadeiro, moldado pelos dedos de artista do Criador, é o próprio planeta. Ele continua acolhendo o sopro de vida, suscitando suas maravilhosas formas que fazem o encanto deste astro privilegiado. Mais que terrenos, somos terráqueos, moldados pelo planeta, com seu ritmo envolvente. Somos filhos da Terra. Não reneguemos nossa mãe comum. Nem a maltratemos por nossa ignorância ou maldade.

A Terra merece nossa reverência e nossa solicitude por seu estado de vida!

# Fé e política

# Eleições 2010: desmonte de uma falácia

### (10 de outubro de 2010)

A questão do aborto está sendo instrumentalizada para fins eleitorais. Esta situação precisa ser esclarecida e denunciada.

Está sendo usada uma questão que merece toda a atenção e isenção de ânimo para ser bem situada e assumida com responsabilidade, e que não pode ficar exposta a manobras eleitorais, amparadas em sofismas enganadores.

Nesta campanha eleitoral está havendo uma dupla falácia, que precisa ser desmontada.

Em primeiro lugar, invoca-se a autoridade da CNBB para posições que não são da entidade nem contam com o apoio dela, mas se apresentam como se fossem manifestações oficiais da CNBB.

Em segundo lugar, invoca-se uma causa de valor indiscutível e fundamental, como é a questão da vida, e se faz desta causa um instrumento para acusar de abortistas os adversários políticos, que assim passam a ser condenados como se estivessem contra a vida e a favor do aborto.

Concretamente, para deixar mais clara a falácia, e para urgir o seu desmonte: a Presidência do Regional Sul 1 da CNBB incorreu, no mínimo, em sério equívoco quando apoiou a manifestação de comissões diocesanas que sinalizavam claramente que não era para votar nos candidatos do PT, em especial na candidata Dilma.

Ora, os bispos do Regional já tinham manifestado oficialmente sua posição diante do processo eleitoral. Por que a Presidência do Regional precisava dar apoio a um documento cujo teor evidentemente não correspondia à tradição de imparcialidade da CNBB? Esta atitude da Presidência do Regional Sul 1 compromete a credibilidade da CNBB, se não contar com urgente esclarecimento, que não foi feito ainda, alertando sobre o uso eleitoral que está sendo feito deste documento assinado pelos três bispos da presidência do Regional.

Essa falácia ainda está produzindo consequências. Pois, no próprio dia das eleições, foram distribuídos nas igrejas, ao arrepio da Lei Eleitoral, milhares de folhetos com a nota do Regional Sul 1, como se fosse um texto patrocinado pela CNBB Nacional. E, enquanto este equívoco não for desfeito, infelizmente a declaração da Presidência do Regional Sul 1 da CNBB continua à disposição da volúpia desonesta de quem a está explorando eleitoralmente. Prova deste fato lamentável é a fartura como está sendo impressa e distribuída.

Diante da gravidade deste fato, é bem-vindo um esclarecedor pronunciamento da Presidência Nacional da CNBB, que honrará a tradição de prudência e de imparcialidade da instituição.

A outra falácia é mais sutil, e mais perversa. Consiste em arvorar-se em defensores da vida para acusar de abortistas os adversários políticos, e assim impugná-los como candidatos, alegando que não podem receber o voto dos católicos.

Usam de artifício para fazerem de uma causa justa o pretexto de propaganda política contra seus adversários e, o que é pior, invocando para isto a fé cristã e a Igreja Católica.

Mas esta falácia não para aí. Existe nela uma clara posição ideológica, traduzida em opção política reacionária. Nunca relacionam o aborto com as políticas sociais que precisam ser empreendidas em favor da vida.

Votam, sem constrangimento, no sistema que produz a morte e se declaram em favor da vida.

Em nome da fé, julgam-se no direito de condenar todos os que discordam de suas opções políticas. Pretendem revestir de honestidade uma manobra que não consegue esconder seu intento eleitoral.

Diante desta situação, são importantes, e necessários, os esclarecimentos. Mais importante ainda é a vigilância do eleitor, que tem todo direito de saber das coisas, também aquelas tramadas com astúcia e malícia.

# O país do futebol

(02 de fevereiro de 2014)

Parecia tudo tranquilo para 2014. Os eventos já marcados, bem garantidos por um calendário estabelecido com absoluta prioridade: a Copa do Mundo e as eleições de outubro.

Mas eis que de repente surge uma interrogação inquietante: como vai ser esta Copa? E como serão as eleições, que dependerão muito do resultado da Copa.

Uma interrogação que envolve, portanto, os dois eventos principais previstos para este ano.

O temor se concentra na probabilidade de manifestações populares. Como serão, que repercussão terão, qual sua força de intervenção nos diversos eventos programados.

Uma coisa é certa, e necessita de nossa atenção. Muitos preferem águas turvas para pescar. Estão torcendo pelo pior. E não terão escrúpulos de usar a violência para conseguir seus objetivos.

Diante desta postura, assumida e organizada por grupos bem identificados, não resta dúvida de que cabe ao poder público estar atento e coibir ações criminosas que se valem da legitimidade de manifestações populares para encobrir seus intentos criminosos.

Um fenômeno interessante está tomando forma. No país do futebol, avolumam-se os questionamentos à maneira como vem sendo organizada a Copa do Mundo. Este questionamento se amplia ao constatarmos onde foi parar este esporte tão envolvente e tão próximo das camadas mais pobres da população.

O futebol foi domesticado e apropriado indevidamente pelo poder econômico, a tal ponto que virou simplesmente um negócio, que vai tirando a beleza deste esporte tão democrático e tão popular. Esta tendência contagiou negativamente todos os níveis do futebol. Desde os campeonatos de várzea até a organização mundial do futebol, simbolizada pela FIFA, que tem na organização da Copa do Mundo sua incumbência maior.

Hoje, qualquer menino que dá seu primeiro chute numa bola já começa a sonhar em ser um grande jogador, ganhando salários fabulosos. E como de fato o futebol acarreta somas fabulosas, a Copa do Mundo acabou ficando refém da grande especulação financeira que gira ao seu redor.

Ao chegar o tão esperado "ano da Copa", parece que "o país do futebol" tem um questionamento importante a fazer aos cartolas, que se apoderaram indevidamente deste esporte tão popular, que não pode ficar reduzido a uma trama de negócios escusos.

Mas para nos habilitarmos a transmitir esta mensagem de questionamento, não podemos perder a credibilidade que nos habilita a tomar uma posição esclarecida, madura e responsável.

Se é para fazer manifestações populares, providenciemos as condições para que elas se façam ordeiramente, sem violência e sem intenções malévolas, seja de que ordem forem.

Uma das belezas maiores do futebol decorre da rigidez de suas normas, que o juiz se encarrega de aplicar. A democracia também precisa de regras claras, seguidas com rigor, também quando se trata de manifestações de massa.

O ano da Copa e das eleições nos convida para o discernimento e para a responsabilidade. Nisto, todos podemos entrar em campo!

# Indispensável discernimento

(14 de setembro de 2014)

Com tantos apelos em tempo de campanha eleitoral, não é o caso de fazer mais um. Mas se torna urgente, isto sim, discernir o que estes apelos representam.

As promessas já não impressionam. Inclusive, já fazem parte do folclore eleitoral. Mesmo assim, é bom conferir qual o critério para acreditar. Se partem de candidatos que demonstram o que já fizeram, nesta medida podem merecer a confiança no que prometem. No tempo de Cristo, o povo simples sabia distinguir: "Ele fala como quem tem autoridade, e não como os escribas e fariseus!".

Mas o ambiente eleitoral tem outros ingredientes, que o tornam muito complexo e que exige um esforço redobrado de vigilância.

Um fato que preocupa, com evidência, são as enormes somas de recursos financeiros empenhados nas campanhas. Este ambiente se transforma em águas turvas, propícias para a pesca e perigosas para os incautos.

Esta grande soma de recursos financeiros, gastos nas campanhas eleitorais, se constitui no ingrediente mais comprometedor do nosso sistema político. São eleitos os que dispõem de muito dinheiro.

Por isso, o primeiro item da tão sonhada, e sempre adiada, reforma política é limitar o uso de poder financeiro nas campanhas eleitorais. É urgente diminuir a influência do dinheiro no resultado das eleições.

Mas não é só.

Alguns procedimentos infringem a ética e se tornam perniciosos para a democracia. Aproveita-se o clima de liberdade para lançar acusações não comprovadas, que atingem a moralidade das pessoas e causam desgastes irreparáveis nas vítimas destas artimanhas perversas.

Tomemos o caso da dita "delação premiada", expediente de investigação que a lei prevê, mas que exige procedimentos éticos para atingir os seus verdadeiros objetivos. Dadas as circunstâncias em que se encontra o tal delator, que tenta negociar o que sabe em troca de compensações em suas penas, antes de divulgar como verídico o que ele relata, se faz necessária uma rigorosa investigação, para conferir quanto de mentira ele propaga e quanto de verdade ele revela. Por isso, a divulgação da "delação premiada" só deveria ser feita depois de confrontada com uma rigorosa averiguação do conteúdo apresentado.

Sua divulgação antecipada é tanto mais grave quanto mais diminuto o tempo para a devida reparação dos prejuízos causados.

Em cima deste episódio, vale fazer outra constatação. O clima de legítima confrontação de propostas políticas, próprio da campanha eleitoral, é instrumentalizado por pessoas sem escrúpulo, que lançam versões bombásticas para assim obterem alguma vantagem com a divulgação de suas versões, que aparecem revestidas de indícios de verossimilhança, a fim de afirmarem, com desembaraço, o que mais lhes interessa.

Mas a reincidência destes obreiros da mentira em seus métodos, aos poucos, vai expondo suas manobras, e os eleitores saberão neutralizá-las com seu voto.

# Desenvolvimento sustentável

### (08 de maio de 2011)

É preciso refazer o conceito de desenvolvimento. Tempos atrás a questão era pacífica. A proposta se impunha como evidente. Tratava-se de promover o desenvolvimento, e ponto. Ninguém questionava as circunstâncias nem as condições requeridas. Nem se duvidava do conceito, que parecia unívoco. Sendo desenvolvimento, era bom, necessário e, inclusive, indispensável para a sociedade acessar outros valores importantes.

O auge deste consenso em torno da urgência e da necessidade do desenvolvimento pode ser colocado na década de 1960, em plena euforia da reconstrução da Europa após o desastre da Segunda Guerra Mundial. Mais precisamente, o ano de 1967, quando Paulo VI publicou a famosa encíclica sobre "O Desenvolvimento dos povos", a *Populorum Progressio*.

Em latim, a palavra *progressio* difere da palavra *progressus*. Esta última expressa um conceito mais restrito, de "progresso", de "crescimento", ao passo que a palavra *progressio* expressa o conceito mais complexo de "desenvolvimento", de transformação ampla, de novo patamar da sociedade.

Foi nesta encíclica que o Papa resumiu a importância do desenvolvimento, afirmando que "o desenvolvimento é o novo nome da paz".

Pois bem, com a crise do petróleo em 1970, que levou ao impasse do endividamento dos "países em desenvolvimento", o conceito começou a ser questionado e passou a exigir a integração de outras dimensões, além do mero crescimento ou do simples "progresso".

O primeiro questionamento foi de ordem social. O desenvolvimento não poderia agravar as desigualdades já existentes. Ele devia ser "inclusivo". Todos deveriam participar do bolo. Portanto, questionava-se a dimensão meramente econômica do desenvolvimento. Mas se achava que a dimensão social era uma concessão a ser feita para evitar tensões maiores, que poderiam eventualmente complicar ainda mais o jogo de interesses da sociedade. A dimensão social ainda era vista como um estorvo, um empecilho, uma concessão. Ainda não era vista como um fator de garantia e de sustentação do verdadeiro desenvolvimento.

Depois começou a emergir com força a dimensão ecológica. O desenvolvimento precisava levar em conta a escassez de recursos, evitar o desperdício e não comprometer o equilíbrio ambiental. Aqui também a preservação ambiental vista ainda como um freio ao desenvolvimento, como uma fatalidade a ser contornada. Não como um fator positivo de garantia de autenticidade de um verdadeiro desenvolvimento humano, econômico e social.

Estamos finalmente chegando a um novo conceito de desenvolvimento, que não só tolera as três dimensões, mas as considera como fatores positivos que se apoiam mutuamente. Quanto mais uma economia é pensada e realizada em vista da participação de todos, mais sólida ela se torna. E quanto mais respeita o meio ambiente, mais segurança ela tem de contar com bases firmes de sustentação.

O Brasil deu uma boa demonstração desta verdade. Foi repartindo o bolo que ele cresceu. E daria para dar outros exemplos. É

123

preservando as abelhas que elas podem fecundar melhor as flores e garantir o sucesso das safras. As três dimensões são do interesse de todos. A palavra "sustentável" é a que melhor qualifica este conceito novo de desenvolvimento. Mas a Ministra do Meio Ambiente flagrou bem o problema. Quem deve carregar a bandeira da sustentabilidade não é só o Meio Ambiente. Disse ela que "está na hora do desenvolvimento sustentável sair do gueto do Meio Ambiente, para ser assumido por todos os Ministérios", como uma causa que interessa a todos. Quanto mais partilhada, mais sólida se torna a economia. E quanto mais ela respeitar a natureza, mais segurança ela terá de sua perenidade.

De novo se comprova que nosso desafio é integrar dimensões que parecem contraditórias, mas na verdade são complementares.

# Fraternidade e cidadania

(04 de março de 2012)

Já foi lançada pela CNBB a Campanha da Fraternidade deste ano de 2012. Como todo mundo já sabe, seu tema é a "Saúde Pública" e seu lema retoma o sonho do livro do Eclesiástico, "Que a saúde se difunda sobre a terra".

Lançada em Brasília, a Campanha já se faz presente nas milhares de comunidades espalhadas pelo Brasil. Aí está um dos fatores que garantem a rápida ressonância da Campanha. Ela valoriza as comunidades. Ela conta com a capilaridade da Igreja. Aciona as lideranças em cujas mãos coloca os subsídios que municiam a reflexão em torno do tema proposto. E aproveita o tempo da Quaresma para motivar a participação e estimular compromissos concretos, que traduzam as sugestões que o tema vai apresentando.

Dessa maneira, podemos afirmar que a Campanha da Fraternidade é a maior experiência que se realiza no Brasil, de reflexão conjunta, de debate aberto, em torno de um determinado assunto de interesse social.

A partir desta constatação, percebe-se o alcance político da Campanha da Fraternidade. Ela proporciona um clima favorável para aquilo que o povo brasileiro é arredio e não gosta de fazer: refletir e debater os problemas que envolvem a vida do povo.

De fato, temos uma tradição de pouca participação nos debates políticos. Os próprios partidos não conseguem sustentar esse debate, eles que teriam a incumbência constitucional de apresentar propostas para o adequado enfrentamento dos problemas existentes. Assim, eles não se caracterizam por suas propostas políticas, mas se limitam à estratégia eleitoral de alcançar o poder, sem dizer para que o buscam.

A Campanha da Fraternidade, com seus limites de iniciativa suscitada por motivações religiosas, é ainda a instância que mais sustenta e articula uma reflexão séria, em cima de dados reais, sobre problemas concretos da sociedade.

O tema deste ano serve de exemplo. Traz uma reflexão muito bem fundamentada, em cima de dados muito interessantes, relativos às questões ligadas ao campo da saúde pública. É tão vasto este campo que ele precisa ser abordado com conhecimento de causa, com disposição de enfrentá-lo com responsabilidade e com a certeza de contar com o respaldo do Estado e da sociedade.

Os médicos costumam discernir os casos de "alta complexidade". A Campanha deste ano nos apresenta também um tema de "alta complexidade" que requer as atenções de todos.

Nos tempos da Constituinte, em que se buscavam critérios norteadores para definir a lei básica da Nação, se formulou a sentença que parecia dar conta do problema de maneira exaustiva. Afirmava-se que "a saúde é direito de todos e dever do Estado".

A sentença ainda pode continuar vigente, mas sua compreensão foi adquirindo nuances muito concretos, com incidências muito práticas. O fato de ser "dever do Estado" não exime a sociedade de suas responsabilidades com a saúde pública. A começar pelo dever de acompanhar de perto as políticas públicas relativas à saúde, participar dos conselhos paritários, onde é possível levar as demandas da população e urgir a ação do Estado. E, sobretudo, fiscalizar a aplicação dos recursos públicos, para que sejam distribuídos de maneira equitativa e adequada às condições existentes.

Em todo caso, a campanha deste ano mostra a importância de refletir sobre a saúde pública com informações concretas, à luz dos grandes valores envolvidos nesta questão de interesse tão direto da população. Quanto mais informações, maiores serão os consensos, maior o envolvimento da sociedade, maior o compromisso do Estado, sobretudo garantindo os recursos financeiros que viabilizem as ações indispensáveis para uma verdadeira política de saúde pública.

# Recado das urnas

(outubro de 2014)

Passadas as eleições, é urgente entender o seu recado, pois a ação política a ser feita agora é urgente e inadiável.

O significado mais importante das eleições presidenciais deste ano consiste na clara indicação de um projeto de Brasil mais igualitário e menos excludente.

Pelas urnas, o povo optou por continuar um processo político e econômico que a duras penas os últimos governos conseguiram implementar, mesmo em meio a tantas deficiências, que precisam ser superadas.

As eleições deram uma palavra: queremos continuar com o processo de superação de um sistema político e de uma dinâmica econômica que historicamente sempre procuraram manter as gritantes desigualdades impostas ao povo brasileiro.

A partir deste aval eleitoral é possível levar em frente, então, a característica mais importante da proposta que, eleitoralmente, é simbolizada por Lula, o personagem mais expressivo da retomada democrática a partir da superação da ditadura militar.

Este recado das urnas precisa ser tomado como referência indispensável, seja para desautorizar as tentativas golpistas de quem ainda está inconformado com o veredicto eleitoral, seja para implementá-lo politicamente.

As urnas disseram que país o povo quer. Superado o clima de embates eleitorais, é urgente agora criarmos uma convergência de propostas e de ações que implementem a consolidação do lento processo de superação das desigualdades e da efetivação democrática da igualdade de oportunidades.

Junto com este recado das urnas, o contexto eleitoral deste ano coincidiu com a constatação da perversidade intrínseca do conluio entre empresas e o processo eleitoral viciado, que instrumentaliza os investimentos econômicos para deles extrair recursos para fins eleitorais, cobrindo as falcatruas com ares de legalidade.

É esta "lei eleitoral", superada e perversa, que urge agora banir, através de uma ampla "reforma política" que precisa ser enfrentada de imediato, para que não perca, de novo, o indispensável impulso político para a sua realização.

Para que esta reforma política possa se efetivar, é necessária uma ampla ação da cidadania, para superar as resistências e pressionar os poderes instituídos, a fim de que todos colaborem para efetivar uma ampla reforma de todo o sistema político, eivado de vícios que nele foram se incrustando, até o ponto de, praticamente, o inviabilizarem.

Não se fará reforma política sem pressão popular.

As urnas deram o seu recado. Somos todos desafiados a implementá-lo.

# Estado a serviço da nação

### (08 de setembro de 2014)

Vai para quase vinte anos o Grito dos Excluídos. Lançado pela primeira vez em 1995, daí por diante compareceu, anualmente, por ocasião da Semana da Pátria, no seu dia mais emblemático, o 7 de setembro.

Neste ano não podia ser diferente. E com um apelo bem claro e consistente: "Queremos um Estado a serviço da Nação, que garanta direitos a toda a população".

O Grito tem endereço certo e proposta operativa. Trata-se do Estado e de sua verdadeira finalidade.

Diante de afirmação contundente e propositiva, convém de imediato uma explicação conceitual. Pois, ao se falar de "estado" podemos estar supondo coisas diferentes, embora parecidas.

A palavra "estado" pode ter uso exclusivo no singular, ou uso diverso no plural. No plural, por exemplo, nos referimos aos estados brasileiros, que na prática já são vinte e sete, cada um com seu nome.

Quando falamos de "Estado", no singular, queremos nos reportar ao "aparato organizativo", que é montado para servir de instrumento para regular os serviços públicos da sociedade onde vivemos. Referimo-nos, então, à maneira como é montado este aparato, que assume destinação política, reveste-se de corporação

130

jurídica, estrutura-se para agir em favor de quem ele se coloca a serviço. Vai daí que então o Estado se molda de acordo com aquilo que fazemos dele. E ele vai ficando do jeito como é conduzido, ou até do jeito como ele não é conduzido, mas deixado para que aja até contra os interesses de quem deveria mantê-lo dentro de suas finalidades verdadeiras.

Estas breves observações nos motivam a conferir como anda o "Estado brasileiro", como ele foi pensado, como ele foi estruturado, a serviço de quem ele está atuando.

O questionamento sobre o Estado brasileiro é lançado pelo Grito dos Excluídos, mas também é feito no âmbito mais vasto de uma nova "Semana Social" que a CNBB está incentivando. A proposta desafiadora é conferir "que Estado nós temos" para ver "que Estado nós queremos".

O Grito não perde tempo e vai direto à sua postulação. Mas isto não deixa de exigir que se faça uma reflexão com mais tempo e profundidade sobre este assunto que se mostra mais do que atual, pois ele é urgente.

Para ir provocando a reflexão, daria para traçar o perfil aproximado do Estado brasileiro. Suas pinceladas não são nada animadoras. Tanto mais nos sentimos provocados a construir "O Estado que queremos".

Em primeiro lugar, olhando "O Estado que temos", constatamos uma marca registrada persistente e arraigada. É um Estado "patrimonialista". A palavra logo acena para o "patrimônio", nos ajudando a perceber que o Estado privilegia o patrimônio como o valor maior que ele tem a promover e a defender. Mas, aplicada esta palavra ao "Estado que nós temos", faz também pensar numa das distorções mais frequentes que acontecem com o Estado, quando ele é manobrado para favorecer o patrimônio de quem ocupa as suas funções!

O nosso Estado pode também ser chamado de "clientelista", na medida em que ele se coloca a serviço, não de toda a população, mais de uma classe privilegiada.

E quando olhamos a maneira como os poderes de que se reveste um Estado para bem servir, se em vez de servir ele começa a ameaçar aqueles a quem deveria se destinar, o Estado assume o caráter autoritário. Quando esta atitude equivocada assume ares absolutistas, o Estado vira suporte da ditadura.

Se é legítimo colocar o Estado a serviço do verdadeiro desenvolvimento, se ele o promove em detrimento da justiça social e ignorando os cuidados para a sua sustentabilidade, o Estado pode ser apelidado de "desenvolvimentista".

Partindo destas breves constatações, nos damos conta de como precisamos, sempre de novo, conferir como deveríamos controlar o Estado, para que esteja de fato a serviço de toda a população!

# Espaço para os agricultores

(12 de fevereiro de 2012)

Nunca se viu tanto interesse pelo clima como em nossos dias. Ele faz parte da agenda de qualquer noticiário. Na hora das informações sobre o clima, até as visitas ficam caladas para escutar melhor a previsão do tempo! Uma primeira explicação por este súbito interesse pelo tempo se encontra sem dúvida na apreensão diante das mudanças climáticas, que parecem se confirmar de maneira cada vez mais clara. Em todo caso, como costuma advertir a comissária de bordo, "passamos por uma área de turbulência". O que vai resultar destas mudanças, ainda não se sabe. A natureza tem fôlego de milhões de anos. Mas é bom estarmos atentos. Até para ver se em cada dia as previsões do tempo são confirmadas ou não.

Quem mais olha com apreensão para o tempo são os agricultores. Para eles não se trata só de curiosidade. É a safra que está em jogo. Com frequência ela fica comprometida por completo, como está acontecendo neste ano em diversas regiões do país, sobretudo pela seca persistente que assola as plantações bem no momento da floração e da formação do grão, quando mais a plantação precisa de umidade.

Pelos riscos a que está sujeita a agricultura, e pela importância fundamental da produção agrícola para atender às necessidades da alimentação, muitos países organizam todo um sistema de proteção especial para a agricultura. Assim ela pode contar com garantias que resguardem sua continuidade, independentemente das oscilações das safras.

Infelizmente no Brasil este sistema é ainda muito precário. Muitas vezes os agricultores precisam arcar sozinhos com o prejuízo, num ano de safra frustrada. E quando a safra vai bem, com frequência o agricultor é explorado na venda do seu produto, que fica à mercê de grandes corporações que conseguem interferir nos preços.

Todas as atividades econômicas são importantes. Mas nenhuma tem mais influência direta sobre a população do que a agricultura. Precisamos fortalecer a consciência de que a agricultura interessa diretamente a todos. E no Brasil interessa mais ainda, pela alta porcentagem que representa o comércio agrícola para garantir divisas para o país.

Esta consciência deveria se traduzir num sistema de proteção à agricultura, que tornasse muito mais seguro o trabalho agrícola.

Os agricultores precisam se sentir estimulados a continuar na agricultura. Em algumas regiões do Brasil já é evidente o abandono progressivo da atividade agrícola. Seria triste se, por falta de uma política agrícola adequada, víssemos a última geração de pequenos agricultores abandonarem sua profissão pela falta de estímulo em continuar com um trabalho tão cheio de riscos e incertezas, acrescido do descaso da população e dos poderes públicos.

Dentro deste contexto foi feito um trabalho válido, mesmo se não compreendido por todos, na discussão do novo Código Florestal. Ficou garantido um capítulo de proteção especial para os pequenos agricultores. Pois o novo Código não podia se constituir em novo desestímulo para os que sempre se sentiram os primeiros responsáveis por preservar o meio ambiente.

Em recente reunião das "pastorais do campo", seus participantes manifestaram apreensão diante da ameaça aos "espaços de reprodução física e cultural dos povos e comunidades campesinas"; em outras palavras, diante do risco de ver inviabilizada, concretamente, a próxima geração dos pequenos agricultores. Seria um desastre, não só econômico, mas sobretudo humano e social.

Os pequenos agricultores precisam de grande apoio, para o bem de todos nós!

# Cuba e Estados Unidos

(28 de dezembro de 2014)

Desde o tempo de Paulo VI, o dia 1º de janeiro é dedicado à paz. Instituído como Dia Mundial da Paz, ele se tornou em momento propício para uma "Mensagem de Paz", sempre assinada pelo Papa, na tentativa de identificar as situações de conflito que ainda permanecem, descobrir suas causas e propor sua superação.

Neste ano, por exemplo, a mensagem de paz centra as atenções nas situações de escravidão que ainda permanecem, ressaltando como a fé cristã transforma as relações pessoais, fazendo-as passar de dependentes e subjugadas para fraternas e igualitárias.

Mas desta vez a mensagem do Dia Mundial da Paz foi precedida por um fato que surpreendeu o mundo e terá certamente muito mais influência do que a própria mensagem de paz.

Trata-se do reatamento das relações diplomáticas entre Cuba e Estados Unidos. Depois de quase sessenta anos de rompimento diplomático, e sobretudo de embargo econômico, as duas nações decidiram empreender a normalização de suas relações, começando por restabelecer o fluxo diplomático, e colocando como primeiro assunto da agenda o fim do embargo econômico.

O que mais chamou a atenção neste fato inesperado foi a intensa atividade diplomática da Santa Sé, comandada pessoalmente pelo Papa Francisco, que acolheu as duas delegações no Vaticano, garantindo-lhes um ambiente favorável de trabalho e assegurando a sua mediação.

Ambos os lados reconhecem que sem a mediação do Papa as negociações não teriam chegado a este desfecho positivo. O próprio presidente Obama, dos Estados Unidos, fez questão de atribuir ao Papa o mérito principal destas negociações. Ele propriamente se fez avalista dos acordos.

A superação do clima de hostilidade entre Cuba e Estados Unidos possui uma carga simbólica muito grande. Pode, de fato, ser considerada como o fim da "guerra fria" no Ocidente. Restaria agora, como último reduto desta "guerra fria", a Coreia do Norte, com seu excêntrico ditador que só tem bravatas para atrair as atenções mundiais.

Com certeza resta agora um longo caminho para implementar as consequências do novo relacionamento entre Estados Unidos e Cuba. Ele não será fácil, dadas as longas resistências, consolidadas sobretudo na rigidez do controle político em Cuba e no seu atraso econômico. Mas as portas agora estão abertas, e a política encontrará os seus caminhos.

Além da importância evidente para os dois países, este episódio vem consolidar a grande liderança mundial do Papa Francisco. Ele vem surpreendendo a todos, sobretudo por sua lúcida estratégia de atuar em cima de situações simbólicas, para sinalizar seu projeto maior de fazer avançar as mudanças internas da Igreja e, ao mesmo tempo, consolidar a aproximação ecumênica com os ortodoxos e avançar no diálogo com as grandes religiões.

Ele já vinha insistindo na importância de as religiões se colocarem a serviço da paz mundial, superando os fundamentalismos que com frequência medram à sombra das práticas religiosas.

Num momento em que se manifestam resistências eclesiais diante dos rumos do pontificado do Papa Francisco, é muito salutar esta demonstração de audácia política e de sábia diplomacia, comprovadas pelo bom êxito desta iniciativa.

Podemos dizer que o mundo "sentiu firmeza" e não temerá novas iniciativas deste Papa surpreendente.

# Fidel e o Papa

(01 de abril de 2012)

Bento XVI acaba de visitar o México e Cuba. Ele já tinha visitado o Brasil em 2007. E já tem outra viagem marcada para o nosso país, no ano que vem.

Não era conveniente visitar pela segunda vez o Brasil sem antes ir ao menos para algum outro país da América Latina. Assim, foi ao México e aproveitou para visitar também Cuba.

O momento mais pitoresco da visita a Cuba foi, certamente, o encontro do Bento XVI com Fidel Castro. Pelos relatos, a conversa foi uma troca de amabilidades, como convinha para o momento.

Na verdade, os recados já tinham sido dados, de maneira sutil, na homilia da missa que precedeu o encontro de ambos.

O Papa aproveitou as leituras do dia para ir direto ao assunto:

Da história dos três jovens na fornalha, no exílio da Babilônia, sob o comando do soberano Nabucodonosor, Bento XVI tirou a lição da prioridade que a fé possui, para formar as consciências e ditar o procedimento das pessoas: "os três jovens preferiam morrer queimados pelo fogo que trair a sua consciência e a sua fé".

Em poucas palavras, está posto o direito de todos guiarem sua consciência pelos ditames de sua fé.

Em seguida, Bento XVI aborda o assunto que lhe é muito caro, ao qual volta com insistência: a estreita ligação entre a verdade e a liberdade, entre a fé e a razão:

"Com efeito, a verdade é um anseio do ser humano, e procurá-la supõe sempre um exercício de liberdade autêntica."

O Papa não perde tempo. Aborda em seguida a questão das ideologias, que cegam a inteligência humana, impedindo-a de encarar a verdade de maneira livre e ao mesmo tempo comprometida. Primeiro estigmatiza o ceticismo e o relativismo, afirmando:

Muitos, todavia, preferem os atalhos e procuram evitar essa tarefa. Alguns, como Pôncio Pilatos, ironizam sobre a possibilidade de conhecer a verdade, proclamando a incapacidade do homem de alcançá-la ou negando que exista uma verdade para todos... como no caso do ceticismo e do relativismo.

Em seguida, o Papa questiona o fechamento ideológico, constatando que...

Há outros que interpretam mal esta busca da verdade, levando-os à irracionalidade e ao fanatismo, pelo que se fecham na sua "verdade" e tentam impô-la aos outros.

Aí o Papa volta ao assunto que lhe é muito caro: o relacionamento entre fé e razão:

Fé e razão são necessárias e complementares na busca da verdade. Deus criou o homem com uma vocação inata para a verdade e, por isso, dotou-o de razão. Certamente não é a irracionalidade que promove a fé cristã, mas a ânsia da verdade. Todo ser humano deve perscrutar a verdade e optar por ela quando a encontra, mesmo correndo o risco de enfrentar sacrifícios.

Em decorrência destes pressupostos, Bento XVI aborda a questão da ética, que se constitui em plataforma comum em torno de valores fundamentais, em cuja defesa todos podemos nos encontrar.

A verdade sobre o homem é um pressuposto imprescindível para alcançar a liberdade, porque nela descobrimos os fundamentos de uma ética com que todos se podem confrontar... É este patrimônio ético que pode aproximar todas as culturas, povos e religiões, as autoridades e os cidadãos, os cidadãos entre si, os crentes em Cristo como aqueles que não creem nele.

No contexto dos valores éticos, Bento XVI fundamenta o direito que o cristianismo tem, não de impor, mas de propor o chamado de Cristo "para conhecer a verdade que nos torna livres".

Poucas vezes um sermão foi tão bem endereçado. Não só para Fidel, mas para todos que desejam praticar a liberdade de pensamento e, ao mesmo tempo, assumir o compromisso com a verdade. Assim poderemos superar o fanatismo que cega e o descompromisso que aliena.

E quem quiser se aventurar pelo caminho da fé, sempre acompanhado pela razão, poderá encontrar Jesus Cristo, "que é a verdade em pessoa e nos impele a partilhar este tesouro com os outros".

# Um grito oportuno e responsável

(01 de setembro de 2013)

Neste domingo entramos na Semana da Pátria, neste ano de 2013. Desta vez, emerge com mais evidência o valor cívico de uma iniciativa que vem se sustentando ao longo dos últimos 19 anos. Trata-se do "Grito dos Excluídos". Ele surgiu em 1995, ano em que a Campanha da Fraternidade era, exatamente, sobre os Excluídos. Esta circunstância mostra bem uma das características do "Grito dos Excluídos", de ter sua realização sintonizada com o contexto histórico de cada ano.

Pois bem, neste ano, o Grito confirma seu significado e sua importância, colocado no contexto das surpreendentes manifestações populares que abalaram o país e deixaram perplexa a sociedade. O "Grito dos Excluídos" se apresenta com a firmeza de sua experiência e com o acerto de suas intuições, que o acompanham desde a sua primeira realização.

Quando a sociedade se surpreende diante do peso que pode assumir a manifestação pública de suas demandas e a afirmação clara de valores e princípios que precisam animá-la, o Grito pode

142

apresentar o seu atestado de maturidade, fruto de uma longa sequência de edições anuais ininterruptas, com a clareza das causas levantadas e com o rigor dos procedimentos democráticos que sempre caracterizaram o Grito.

Ele foi circundado, desde o início, de providências que lhe foram angariando credibilidade, sobretudo pelo cuidado em respeitar as instituições e em evitar ambiguidades, sempre pautando suas demonstrações com temas pertinentes e com atitudes democráticas.

Tendo como referência uma data histórica, o 7 de setembro, e um lugar simbólico, o Santuário Nacional de Aparecida, o Grito sempre procurou equacionar bem o seu espírito unitário e, ao mesmo tempo, sua estratégia de descentralização. A manifestação de Aparecida é paradigmática, incentivando outras manifestações em milhares de localidades, em todos os estados do País.

Outra circunstância que fortalece seu espírito e ilumina o seu alcance é o fato de ser realizado em parceria com a Romaria dos Trabalhadores e Trabalhadoras, que acontece também no mesmo dia e no mesmo lugar.

Com estas características, foi-se elaborando uma espécie de "teologia do grito", que foi aglutinando em torno dele um leque de valores com que sempre ele é preparado, com a escolha democrática do seu lema e com o empenho solidário que supera a falta de recursos e multiplica as adesões gratuitas em organizar suas manifestações simbólicas.

De tal maneira que o Grito se tornou um evento que transformou a praxe com que era festejado o 7 de setembro, que já tinha se esvaziado de suas finalidades. O Grito veio devolver à cidadania a promoção do Dia da Pátria.

A ideia do Grito nasceu muito despretensiosa. Foi numa reunião do Secretariado Nacional da Cáritas. Estávamos buscando iniciativas para dar continuidade ao tema da Campanha da Fraternidade. Como já existia, na época, o "grito da terra" e o "grito da Amazônia", alguém sugeriu fazer também o "grito dos excluídos".

O que parecia uma sugestão inconsistente, aos poucos, foi sendo aceita pela fecundidade de simbologias que o "Grito dos Excluídos" poderia ter.

Para que continuasse, era preciso tomar uma rápida providência: inserir o "Grito dos Excluídos" na programação oficial da CNBB. Esta providência foi garantida já no ano seguinte. Aquilo que para alguns parecia incômodo, agora se constata que foi muito providencial. A CNBB pode oferecer à sociedade uma maneira democrática, responsável e providencial de "gritar" as causas urgentes que precisamos assumir, como pátria onde todos podem se sentir incluídos.

Viva o Grito dos Excluídos!

# Jesus e as multidões

(07 de julho de 2013)

No contexto de tantas manifestações populares, é iluminador conferir a atitude de Jesus diante das multidões.

Uma primeira constatação não deixa dúvidas: Jesus sabia acolher as multidões e entretê-las por um dia inteiro, atentas à sua palavra. Mas ao mesmo tempo Jesus sabia "despedir" as multidões de maneira prudente e apropriada.

São diversas as circunstâncias em que Jesus se viu às voltas com as multidões. Valha para a reflexão deste momento a passagem de Mateus, no seu capítulo 14: "Quando as multidões o souberam, saíram das cidades e o seguiram a pé. Ao sair do barco, Jesus viu uma grande multidão. Encheu-se de compaixão por eles" (Mt 14,14).

Mateus insere neste contexto o episódio da multiplicação dos pães. Ao chegar à tarde, vendo aquela multidão, os discípulos acharam por bem sugerir ao Mestre que despedisse as multidões, "para que fossem aos povoados comprar comida".

Os discípulos estavam apelando para a lei do mercado. Que cada um comprasse o seu alimento.

A solução não viria do mercado, mas da solidariedade. Jesus surpreendeu os discípulos, dizendo: "Eles não precisam ir embora. Dai-lhes vós mesmos de comer".

145

Com os poucos pães que tinham, certamente escondidos, se desencadeou uma surpreendente partilha, em que todos ficaram saciados. Resultou evidente o milagre. Seja o da "multiplicação" do pão, seja o milagre mais difícil da partilha fraterna.

Mas o episódio não para aí. Mateus prossegue, narrando que, "logo em seguida, Jesus mandou que os discípulos entrassem no barco e fossem adiante dele para a outra margem do lago, enquanto ele despediria as multidões. Depois de despedi-las, subiu à montanha, a sós, para orar" (Mt 14,22-23).

Depois de atendidas, aí sim, Jesus despediu as multidões de maneira firme e decidida. Não convinha que continuassem por lá, mesmo que a noite estivesse próxima.

Os dois gestos, tanto de acolhida como de despedida, eram fruto do amor e da compaixão que Jesus tinha para com as multidões. Elas precisam ser bem acolhidas, elas precisam também ser bem despedidas.

Qual das duas providências implicava uma responsabilidade maior? Pensando bem, e constatando as circunstâncias, a despedida das multidões revela mais a responsabilidade que Jesus tinha com o povo. Mais do que com a acolhida, pois a acolhida resultava da iniciativa das próprias multidões. Ao passo que a despedida era fruto da providência expressa de Jesus.

E por quê? Porque as multidões sempre requerem responsabilidade em lidar com elas, para evitar situações que as coloquem em risco. É interessante que, neste mesmo episódio, Mateus acaba revelando onde morava o perigo. Observa ele que, "quando soube que Herodes tinha matado a João, Jesus partiu imediatamente de onde estava e se dirigiu para o deserto".

Jesus se precaveu. Diante da truculência de Herodes, precisava preservar sua vida. E a vida do povo também.

Naquele tempo era perigoso provocar aglomerações. Toda atenção era pouca.

146

Sempre será pouca, para garantir uma boa acolhida. Contudo, também para garantir que as multidões possam voltar para casa saciadas, não só de pão, mas da vontade que expressam de participar nas decisões que implicam a segurança e a dignidade de suas vidas!

# Ladeira acima e ladeira abaixo

(23 de junho de 2013)

As manifestações de rua, ocorridas nestes dias em muitas cidades do país, se constituem em fato complexo de difícil interpretação. Também porque é um fato ainda inacabado. Seu significado verdadeiro vai depender dos desdobramentos que suscitar. Em todo caso, sua ambiguidade é evidente. Ao lado de pacíficas manifestações, em cima de reivindicações legítimas, abundaram atos de vandalismo que comprometeram a legitimidade da manifestação.

Para compreender adequadamente o fenômeno, é preciso ter em conta esta ambiguidade, que o contagiou de maneira fatal e lhe tirou uma referência que poderia ser muito mais positiva.

A falta de clareza dos objetivos que motivavam a manifestação parecia tirar dela a legitimidade que deveria ser inquestionável. Se o povo se coloca na rua, é porque está em jogo uma causa importante.

Mas parecia haver um constrangimento dos próprios manifestantes, que se revelava na indefinição do rumo concreto a seguir e das atitudes a tomar. A rua não dava plena legitimidade à manifestação. Parecia mais uma ladeira do que uma rua. E uma ladeira em que os manifestantes se empurravam, com risco de alguns retrocederem e descambarem ladeira abaixo.

O preço do transporte urbano foi o motivo alegado para as manifestações, que logo tomaram um vulto desproporcional à reivindicação apresentada.

Aí também fica evidente que existem causas que vão muito além daquelas que são explicitados por uma manifestação maciça de rua. Se as manifestações se limitassem a diminuir em alguns centavos o preço da passagem, seu tamanho resultaria bisonho.

Talvez a lição maior, a ser tirada deste fato, que inequivocamente tomou um significado político indiscutível, esteja aí. O povo não se satisfaz com pequenas vantagens que a economia possa lhe dar. E um governo não pode se limitar a garantir o crescimento econômico.

Temos necessidade de horizontes mais amplos. Queremos participar da elaboração de um projeto de país que corresponda aos sonhos de maior igualdade social, de participação nas decisões políticas e de superação das injustiças históricas que marcaram nossa sociedade brasileira.

"Não só de pão vive o homem!" Estas palavras da Escritura parecem calhar bem a propósito de nosso país, depois destes últimos anos de Brasil com um pouco mais de pão na mesa de todos. Não basta o pão! Se ficarmos só nele, amesquinhamos nossa vocação humana e deslegitimamos nossas reivindicações políticas.

Não basta o crescimento econômico. Ele certamente faz parte do projeto de país que queremos. Mas existem muitos outros valores a serem contemplados, definidos e propostos para a consecução prática. Por décadas a CNBB incentivou, através de "semanas sociais" por ela empreendidas, a construirmos juntos um projeto de país "politicamente democrático, socialmente solidário, economicamente justo, ecologicamente sustentável, culturalmente plural, regionalmente diversificado e religiosamente ecumênico".

As manifestações destes dias sinalizam para a necessidade urgente de diálogo. É preciso chamar o povo da ladeira para a praça! E preciso dialogar abertamente, valorizando as instituições e colocando-as a serviço do povo. O fato não está ainda concluído. Como tal, está sujeito à usurpação. Resta ver quem vai se apoderar dele politicamente. Sua legitimidade ficará garantida depois de depurado de suas ambiguidades, para ser colocado como sinal positivo de vitalidade democrática, sobretudo dos jovens que tiveram o mérito indiscutível do seu protagonismo.

# O Brasil que queremos

(02 de setembro de 2012)

O final de agosto nos leva, direto, para a Semana da Pátria. Será sempre importante cultivar nossa identidade de brasileiros, a partir da esplêndida realidade com que fomos agraciados pela natureza e pela história, pois a pátria não é só o que a natureza nos regala em sua generosidade. A Pátria é também o que fazemos dela.

Aí começa nosso desafio. Que pátria queremos construir? Esta questão vai tomando mais consistência à medida que nos damos conta das diversas dimensões de nossa vida que precisam ser assumidas, definidas e trabalhadas.

Tempos atrás, no processo das "Semanas Sociais Brasileiras", que agora está sendo retomado com vigor, chegamos a definir um sonho de Brasil que gostaríamos de ver realizado.

Foi então que aos poucos foram sendo alinhados diversos adjetivos para desenhar "O Brasil que a gente quer", "O Brasil que nós queremos".

A série começava pela dimensão política. E, de fato, a política é imprescindível para a definição da convivência entre cidadãos de uma mesma pátria. Contanto que a política seja exercida democraticamente. Assim se firmava a primeira referência da pátria que sonhamos. Queremos um Brasil "politicamente democrático".

151

Em seguida, pelas inúmeras implicações da economia na vida dos cidadãos, se defendia com firmeza que o Brasil precisava ser "economicamente justo". Como a economia é tão complexa na sua dinâmica, todos se davam conta de que esta dimensão precisa ser assumida com critérios políticos e com competência profissional. Não é espontaneamente que a economia de um país é justa. A economia não está imune a exigências de ordem política e social. Ela não está acima dos valores que compõem o sonho de uma pátria onde todos se sentem acolhidos e podem participar com sua presença e seu trabalho.

Por isso, a seguinte dimensão se tornava imprescindível para ir desenhando um sonho viável e justo de Brasil. De modo que a ladainha dos valores prosseguia, dizendo que queremos um país "socialmente solidário". Por mais que a economia contribua para que todos tenham os recursos para a sua vida, ela nunca resolve sozinha os problemas. A sociedade precisa se pensar e se organizar de maneira fraterna, tendo presente que o valor de cada pessoa humana não se mede em primeiro lugar por aquilo que produz, compra ou vende, mas cada um vale em primeiro lugar por aquilo que é. E isto postula uma sociedade solidária, onde os mais frágeis têm precedência no atendimento de suas necessidades, independentemente de sua participação na produção dos bens materiais e culturais. O mercado não esgota a economia nem dispensa a solidariedade.

Assentados estes três pilares, da democracia, da justiça e da solidariedade, foram emergindo outras dimensões que também precisam integrar nosso sonho de Brasil. Para formarmos uma pátria de cidadãos livres, participativos, responsáveis, abertos à convivência, é preciso contar com outras referências, cuja importância foi aparecendo com clareza.

Somos um país continental, onde as regiões cumprem um papel decisivo. As regiões acabam proporcionando o contexto para

152

a expressão de valores culturais diversificados, que enriquecem a pátria e proporcionam novas oportunidades de fecunda convivência entre os cidadãos.

Assim, fomos nos dando conta de que "o Brasil que nós queremos" precisa também ser "culturalmente plural, regionalmente diversificado, ecologicamente sustentável e religiosamente ecumênico".

São tantos os ingredientes de um projeto de pátria! Percebemos a grande distância que existe entre a teoria e a prática, entre o sonho e a realidade.

Quem sabe, ao longo desta Semana da Pátria, renovemos o sonho do "Brasil que nós queremos", para saber por onde começar sua implementação. Depois conversaremos de novo.

# Pacto federativo

**(17 de novembro de 2013)**

O feriado da República nos convida a olhar a situação do país em perspectiva histórica. Cada dia mais urge retomar as grandes inspirações iniciais da formação de nossa nacionalidade. Somos uma "república federativa". Não pairam dúvidas sobre a viabilidade desta opção política, assumida na Proclamação da República, em 1889, e confirmada em plebiscito por ocasião da Constituinte de 1988.

Uma "república federativa" resulta de um "pacto federativo", em que os diversos Estados Federados colocam em comum seus destinos políticos, fortalecendo-se mutuamente pelo aporte solidário de cada um deles, em benefício da obtenção dos objetivos comuns, assumidos em conjunto pelos Estados Federados.

É forçoso constatar que a federação manifesta sinais de esgotamento político. São frequentes as iniciativas de Estados que buscam benefícios próprios com prejuízo da proposta federativa. Um dos sinais mais evidentes desta prática corrosiva do espírito republicano é a assim chamada "guerra fiscal", em que determinados Estados buscam atrair investimentos usando de artifícios que solapam a federação.

Está na hora de refazermos o pacto federativo. Este é um dos grandes desafios políticos que se desenham pela frente de

154

maneira inexorável. Assim não dá para continuar. Sem um novo pacto federativo o Brasil vai se tornar um entreposto alfandegário desorganizado e predatório.

Há sinais evidentes de crise da federação. A desigualdade entre os Estados Federados é flagrante. Em princípio, essa desigualdade injusta, existente entre os Estados, deveria servir de estímulo positivo, a incentivar o espírito de solidariedade que deveria guiar os ideais federativos, buscando o fortalecimento dos interesses comuns entre todos os Estados.

Acontece que, ao contrário, os Estados encontram expedientes administrativos, que canalizam para si próprios as oportunidades disputadas, sem levar em conta o ideal federativo.

Alguns dados mostram o tamanho do desafio. O Estado de São Paulo, por exemplo, sozinho, já ultrapassou toda a Argentina. Ele já passou dos quarenta e dois milhões, enquanto a Argentina está com pouco mais de quarenta e um milhões. De todos os países da América Latina, só o México e a Colômbia têm mais habitantes que o Estado de São Paulo.

Comparando com a realidade do Mercosul, São Paulo tem um grande "mercado livre" à sua disposição, constituído por todos os outros Estados brasileiros.

É evidente que este desequilíbrio, se não for corrigido por dispositivos legais adequados e eficazes, tende a se agravar, frustrando as intenções solidárias da República Federativa.

Para este novo "pacto republicano" é indispensável regular, de maneira sábia e justa, toda a questão dos tributos. Por isso, a proposta de um novo "pacto federativo" deve vir acompanhada de uma eficaz "reforma tributária", cuja urgência vai aumentando, enquanto crescem as resistências que a solapam.

O outro desafio que precisa ser enfrentado simultaneamente é sem dúvida a Reforma Política. As três iniciativas vão necessitar da vontade política dos governantes, mas sobretudo do apoio da população, que encontrará meios de se expressar através de mecanismos republicanos.

Novo Pacto Federativo, Reforma Tributária e Reforma Política, os três maiores desafios que o Brasil tem pela frente. Os três nós a desatar num mutirão de cidadania!

# Urgência da reforma política

(13 de junho de 2013)

Do clamor das ruas, emerge com nitidez uma providência que precisa ser assumida de imediato. Trata-se de efetivar a tão esperada reforma política, que reaproxime Estado e Sociedade e que possibilite mecanismos de participação popular, para que as demandas do povo possam ter o seu encaminhamento normatizado, de modo claro e prático.

Se a reforma não viabilizar o exercício da democracia direta, o impasse se reproduzirá. O recado mais direto das manifestações populares é a salutar vontade do povo de participar das decisões que dizem respeito aos interesses de toda a população, sem privilégios nem exclusões.

O cerne da reforma política a ser efetivada com urgência, e com a força decorrente das demonstrações populares, precisa ter como foco central viabilizar o exercício da democracia direta.

Este exercício é duplamente viável. Em primeiro lugar, porque existem hoje os meios técnicos de aferir a vontade do povo, possibilitando que os cidadãos manifestem suas demandas.

Em segundo lugar, porque o povo expressou sua consciência política e sua vontade de participar das responsabilidades públicas em vista do bem comum de toda a sociedade.

Portanto, o passo qualitativo a ser dado deve ser o aprimoramento da democracia participativa, para não reincidir nas desgastadas fórmulas da democracia representativa.

E no que se refere à legislação eleitoral, o ponto central é o financiamento das campanhas, que precisa ser bem regulamentado, sobretudo para que o poder econômico não seja o fator determinante dos resultados eleitorais.

A reforma política tem a finalidade de reaproximar o poder político do nascedouro de onde ele procede, que é a cidadania. A Constituição afirma muito claramente que "todo poder emana do povo, e em seu nome é exercido". A sociedade, que delega o poder ao Estado, não pode simplesmente achar que o Estado vai sempre exercer este poder dentro das finalidades que lhe foram atribuídas. Ela precisa sempre sustentar as estruturas e as motivações, para que o poder seja exercido de acordo com as finalidades que devem regê-lo.

Uma reforma política, portanto, se apresenta claramente com a finalidade de atingir o âmago da estrutura do poder e a forma de exercê-lo, tendo como critério básico inspirador a participação popular. Trata-se de reaproximar o poder e colocá-lo ao alcance da influência viável e eficaz da cidadania. Em outras palavras, trata-se de tomar providências e medidas práticas para redemocratizar as relações entre Estado e sociedade, possibilitando a consecução das finalidades inscritas na Constituição, atendendo ao anseio de aperfeiçoamento e consolidação da democracia, que favoreça o bem comum de toda a população brasileira.

Será um bom teste de maturidade política chegarmos à aprovação das propostas concretas capazes de traduzir na prática estes princípios.

Para a hipótese de que seja escolhido o caminho do plebiscito, já fará parte do processo democrático a elaboração das questões, claras e objetivas, a serem submetidas à decisão do povo. Seja como for, é preciso traduzir os anseios do povo em medidas concretas, a serem decididas e assumidas responsavelmente por todos.

# Liberdade religiosa
# e dignidade humana

(14 de janeiro de 2011)

Em sua mensagem de paz para este início de ano, Bento XVI aborda o tema da liberdade religiosa como caminho para a paz. Ele afirma que a liberdade para cada pessoa praticar sua religião é a primeira condição para haver uma paz verdadeira. Procuremos entender por quê!

Pela religião, a pessoa se defronta com Deus no íntimo de sua consciência. É então que a pessoa acaba não só descobrindo a grandeza de Deus, mas toma consciência também de sua própria grandeza. É diante de Deus que cada um de nós pode descobrir sua verdadeira importância, sua verdadeira estatura. A religião nos permite chegar perto de Deus e, ao nos defrontamos com Deus, acabamos descobrindo como temos este grande privilégio que nos engrandece: podemos conversar com Deus, podemos olhar para ele e sentir que ele olha para nós.

Às vezes, quando temos a oportunidade de ser recebidos por uma autoridade importante, acabamos nos sentindo também importantes, pois participamos da importância da autoridade que nos recebe. Que dirá, então, quando nos damos conta de que a religião nos coloca diante de Deus!

Quem não cultiva sua religiosidade, acaba banalizando sua vida e perdendo a consciência de sua própria importância.

Quem nos dá a verdadeira grandeza é Deus, que nos dá a capacidade, pelo seu Espírito Santo, de chegarmos perto de Deus, que nos reveste de sua própria grandeza.

Com a consciência desta grandeza, podemos relevar os pequenos atritos da vida e não perder por causa deles a paz de espírito. A fé nos educa para a paz!

Ao invocar o direito que cada pessoa humana tem de praticar a religião de acordo com a sua consciência, estamos garantindo a cada pessoa o contexto mais adequado para ela perceber sua própria dignidade e se sentir promotora de relacionamento respeitoso e pacífico com as outras pessoas.

Esta é uma das convicções que o Papa expressa em sua mensagem deste ano, focalizando a relação que existe entre liberdade religiosa e paz mundial.

Apontando a importância da liberdade religiosa, se afirma a capacidade e o direito que cada pessoa tem de entrar em contato com Deus, que se manifesta na consciência de cada um.

Colocada diante de Deus, toda pessoa humana pode experimentar seu valor, tornando-se interlocutora de Deus. Isto permite que a pessoa, a partir desta experiência com Deus, passe a olhar o mundo com os olhos de Deus. E sinta pelo mundo a responsabilidade que Deus lhe confiou.

Daí nasce a atitude de respeito pela natureza e de reconhecimento da dignidade de todas as pessoas, que passam a ser vistas como participantes da mesma natureza e da mesma missão.

A experiência de Deus é o melhor caminho para o relacionamento respeitoso com todas as criaturas. É o que o Papa constata, afirmando que a liberdade religiosa, pela qual cada um é convidado a se defrontar com Deus, é o melhor caminho para a paz.

# Recomeçou o jogo

## (27 de julho de 2014)

Estava na cara que este ano teria dois tempos. Como no futebol. O primeiro tempo já foi, com a Copa e tudo. Agora começa o segundo tempo. É o processo eleitoral, que terá seu desfecho em outubro. Se no futebol é quase inevitável a suspeita de parcialidade do juiz, no processo eleitoral brasileiro a preocupação maior se refere, exatamente, aos vícios do sistema jurídico que rege as eleições.

Já faz tempo que o ordenamento eleitoral produz evidentes distorções, sobretudo pela demasiada influência do poder financeiro sobre as campanhas eleitorais.

Já faz tempo também que se tenta mudar este sistema, mas os que dele se beneficiam são também aqueles que usam o seu poder para impedir as mudanças necessárias.

Como sair deste impasse?

De um lado, estando atentos ao desenrolar destas eleições, para identificar com mais clareza os pontos que precisam ser modificados. Por mais viciadas que sejam, as campanhas eleitorais são sempre oportunidade de aprimorar o discernimento crítico da legislação em vigor.

Por outro lado, já cansamos de constatar que um Congresso Nacional, definido sob os condicionamentos do atual sistema eleitoral, não vai querer modificar os dispositivos que o produziram.

Ao mesmo tempo, precisamos nos dar conta de que nossa Constituição já prevê instrumentos democráticos apropriados, que permitem aos cidadãos retomar em suas mãos a competência e a responsabilidade de assinalarem aos congressistas as mudanças que se fazem necessárias, e urgir que elas sejam feitas tempestivamente. Pois bem, não vamos esperar o resultado eleitoral para nos mobilizarmos em torno das oportunidades de mostrar diretamente a vontade dos cidadãos sobre a reforma política.

Para isso, estão em andamento duas iniciativas, distintas e ao mesmo tempo convergentes, que podem receber nosso apoio político.

A primeira consiste num "Projeto de Iniciativa Popular pela Reforma Política e Eleições Limpas", lançado pela "Coalizão Democrática", que tomou força a partir de um convite para a participação lançado pela CNBB, que continua incentivando a coleta de assinaturas.

A outra iniciativa consiste na realização de um Plebiscito pela convocação de uma Assembleia Constituinte Exclusiva para realizar a Reforma Política. Este plebiscito será feito na Semana da Pátria. Se nos lembramos da força que teve o plebiscito contra a ALCA, podemos apostar neste também.

Pois bem, para este segundo tempo podemos nos escalar também e entrar todos em campo, dispostos a enfrentar, se for preciso, uma suada prorrogação.

# Santidade e política

(10 de julho de 2011)

O dia 9 de julho, para os paulistas, é especial. É feriado estadual, para comemorar os feitos patrióticos, nos idos de 1932, quando o Estado de São Paulo liderou o movimento que urgia a consolidação da democracia no país, pela aprovação de uma adequada Constituição. Foi a chamada "revolução constitucionalista". Mas 9 de julho é também o dia da Santa Paulina, a "Madre Paulina", recentemente canonizada pela Igreja.

Aparentemente, não haveria nenhuma razão para a simultaneidade dessas duas celebrações. Coincidência ou não, o fato é que a convergência destas duas datas num mesmo dia acaba compondo uma afinidade importante de valores, que, colocados juntos, se realçam mutuamente.

Bom seria se a política fosse vivida com motivações religiosas e levada à prática guiada pelos valores perenes do Evangelho. E bom seria que a busca da santidade encontrasse o caminho da política como expressão prática de sua realização.

A política está necessitada, com urgência, do testemunho de pessoas de fé, que a abraçam com as motivações nobres que ela pode suscitar. O Papa Paulo VI intuiu a política como uma "forma privilegiada de praticar a caridade".

Como seria fecunda a descoberta de ações estratégicas, urdidas pela verdadeira política, na arte de identificar as urgências do bem comum e garantir sua realização sabendo canalizar os recursos públicos existentes para estas finalidades.

Com certeza não seria fácil percorrer este caminho, que costuma ser conspurcado por manobras escusas de corrupção, que inverte as finalidades e dilapida os recursos públicos, pulverizando-os no atendimento de interesses particulares ou de finalidades menores.

Por isso, o bom político precisa buscar força espiritual que o sustente nos seus propósitos de honestidade e competência na execução de sua missão de trabalhar pelo bem comum, dando destinação conveniente aos recursos públicos arrecadados pelo Estado.

Essa força espiritual deve ser procurada e encontrada no mútuo apoio de pessoas que partilham do mesmo ideal. Haveria uma boa pastoral a ser feita, de reunir políticos, não para formar com eles uma "bancada" corporativista, que se perverte na busca de interesses menores e proselitistas, mas, ao contrário, para encontrar solidariedade e firmeza na prioridade absoluta a ser dada a causas que necessitam da lucidez e da coragem de pessoas comprometidas com o bem comum, e que assumem, sem constrangimento e sem temor, a missão de dedicar sua vida à prática da verdadeira política.

A Madre Paulina, que recordamos junto com o feriado do Estado de São Paulo, viveu longos anos neste Estado, seja na sua capital, seja no interior. Com seu testemunho de autenticidade, mesmo passando por sérias dificuldades, ela em muito contribuiu para consolidar uma Congregação Religiosa que continua levando em frente diversas atividades filantrópicas.

Este fato reforça o vínculo entre vida comunitária e atividade política, que deveria existir muito mais. A participação na comunidade deveria ser um treinamento para a atividade política, começando pela participação nos diversos "conselhos paritários", e prosseguindo com a atuação partidária ou por outras formas de compromisso político.

A coincidência de datas, entre a festa de uma santa e a celebração de um feriado estadual, ajude a perceber o relacionamento fecundo que pode haver entre fé e política.

Parodiando São Tiago, de que "a fé sem as obras é morta", podemos dizer que a vida comunitária sem incidência política é morta, e que a política sem motivação cristã perde seu horizonte e frustra suas finalidades.

# Clamor pela paz

### (15 de setembro de 2013)

Continua a angústia com a situação da Síria, envolvida em complicada guerra civil que vem se prolongando sem perspectivas de solução.

Por mais justa que possa parecer, a guerra traz sempre consigo graves equívocos, que desautorizam sua opção. E quando se trata de guerra civil, as circunstâncias são ainda mais trágicas, pois coloca em confronto cidadãos do mesmo país, apelando para a força das armas, em vez de apostar no diálogo que a democracia possibilita.

A complexidade de uma guerra civil coloca a difícil questão de discernir como e quando seria conveniente uma intervenção com garantia da neutralidade, e com ascendência moral para levar as partes em conflito a deporem as armas e retomarem as negociações.

Em princípio, caberia às Nações Unidas tomar a iniciativa de persuadir as partes a abdicarem das armas e instaurarem um processo de reconciliação nacional.

O organismo previsto nos próprios estatutos das Nações Unidas para estas hipóteses seria o Conselho de Segurança. Mas de novo assistimos ao triste espetáculo da incapacidade deste organismo, que foi pensado para ser um primeiro esboço de uma espécie de "governança global" de que a humanidade há mais tempo necessitaria.

Por sua vez, quanto mais complicada a situação do país envolvido em guerra civil, mais difícil se torna uma ação externa com vistas a cessar os combates e providenciar a indispensável ação de mediadores, com a garantia de neutralidade diante das posições contrastantes das forças em combate.

Na recente experiência de diversas guerras ocorridas na complexa situação do Oriente Médio, a lição mais clara parece ser esta: a intervenção militar estrangeira em nada ajuda a solucionar os problemas. Ao contrário, acaba acirrando os ânimos e radicalizando sempre mais as posições. Uma intervenção militar significaria colocar lenha na fogueira. Ainda mais na complicada situação dos países próximos à Síria.

O que não significa que todas as ações externas sejam vedadas. Mas todas elas devem ter o claro propósito de dissuadir as partes a continuarem o confronto militar. Se possível, uma mediação que ajude a superar impasses deveria garantir a todas as partes envolvidas no conflito que serão respeitadas e poderão contar com o efetivo apoio das outras nações para a consecução da paz.

Uma mediação muito importante e imprescindível, para a situação atual da Síria, é continuar o esforço iniciado pelo Papa Francisco, procurando envolver a todos no esforço de garantir as condições de paz para a Síria.

Para isso, é bom colocar o peso da instituição à qual cada um está integrado. Mas em casos tão complicados e delicados como este que o povo sírio está vivendo, mais que as instituições vale o testemunho pessoal de quem goza de autoridade moral, que precisa ser sempre preservada como patrimônio comum da humanidade.

Todos nos damos conta de quanto foi preciosa a iniciativa do Papa Francisco de promover um dia de oração e de jejum pela paz na Síria. Esta iniciativa deteve o ímpeto belicista do Governo dos Estados Unidos e conseguiu ao menos que a hipótese de uma mesa de negociações se torne possível e seja assumida pelas partes envolvidas, como caminho de diálogo e de superação das desavenças acontecidas.

A solução deste difícil conflito é um desafio que poderá significar a superação das causas que o produziram e a confirmação do Papa Francisco como personalidade de ascendência moral importante, de que a humanidade tanto precisa hoje.

Não podemos ficar em paz enquanto povos irmãos se digladiam em guerra.

Que Deus atenda nossas preces e ajude o povo sírio a experimentar a nobreza de espírito das atitudes de perdão mútuo, de reconciliação fraterna e de paz duradoura!

# A Teologia da Libertação

(26 de junho de 1986)

Ultimamente um dos assuntos mais comentados na vida da Igreja é a assim chamada "Teologia da Libertação". Inclusive no ano passado saiu um documento vindo de Roma sobre o assunto. Na última assembleia da CNBB ele foi assunto central nos debates havidos. Este assunto vem frequentemente associado ao caso do Frei Leonardo Boff. Nada mais oportuno, portanto, do que alguns esclarecimentos.

O Documento de Roma não é contra a Teologia da Libertação. Afirma mesmo que existe uma autêntica teologia da libertação, como "uma reflexão teológica centrada no tema bíblico da libertação e da liberdade e na urgência de suas incidências práticas". Portanto, a Igreja não está contra que se faça uma autêntica teologia da libertação. Neste mesmo documento se promete um outro, mais extenso, para "pôr em evidência, de maneira positiva, toda a riqueza do tema, tanto para a doutrina como para a prática".

Este primeiro documento da Igreja tem na verdade por objetivo chamar a atenção para os desvios e perigos que o assunto pode apresentar.

Que desvios?

Primeiro, o de entender de maneira unilateral o tema da libertação, como se bastasse uma libertação de ordem político-social.

Para isso, o documento lembra que a libertação cristã "é, antes de tudo, e principalmente, libertação da escravidão radical do pecado". Esta libertação exige, porém, como consequência, "a libertação de muitas outras escravidões, de ordem cultural, econômica, social e política".

Em segundo lugar, o documento adverte sobre o perigo de usar conceitos tirados do pensamento marxista, de tal modo que se passe a aceitar os princípios comunistas. É uma advertência, portanto.

Para entendermos o surgimento da Teologia da Libertação, é preciso situá-la no contexto especialmente aqui da América Latina, com os problemas trazidos pelo desenvolvimento dos países pobres. Em vez de significar uma melhoria de vida para todos, ele acabou trazendo novas formas de dominação, especialmente dos países ricos sobre os países pobres, além de outras dominações internas a cada país.

Daí a reflexão teológica que aos poucos identificou o real problema: a solução não é simplesmente o progresso, mas uma verdadeira libertação. Daí também se explica a reação de parte dos países ricos contra a Teologia da Libertação.

A Teologia da Libertação se tornou, assim, a reflexão mais sistemática contra a nova ordem de dominação política e econômica.

O próprio Papa João Paulo II já condenou diversas vezes esta nova dominação. Neste sentido, o Papa e a Teologia da Libertação estão bem de acordo.

# Fé e cultura

# Carnaval e juventude

(10 de fevereiro de 2013)

O carnaval comparece cedo neste ano. Ele depende da data da Páscoa. Como desta vez ela acontece ainda em março, é preciso ir recuando o calendário, para que entre o carnaval e a Páscoa caiba o tempo da Quaresma.

Assim se comprova, de novo, que o carnaval nasceu como um evento secundário, colocado em referência a outro, mais importante. No caso, o carnaval se desenhou no contexto da expectativa da Quaresma, que se constitui num tempo prolongado, bem programado, com metas bem estabelecidas, e com uma cadência bem orquestrada, de apelos positivos para a vivência de valores evangélicos.

Era para começar bem a Quaresma que o carnaval servia de marco divisório, apontando para ela, com seu começo na Quarta-Feira de Cinzas.

Mas o que continua tendo um valor secundário assumiu uma importância muito grande. A ponto de se tornar, para muita gente, o evento maior do ano.

Assim, o que era acidental passou a central. O que era simples aperitivo tornou-se o prato principal. E com frequência acontece que se exagera no aperitivo e se perde o banquete!

Como evento importante, é preciso reconhecer que ele foi agregando valores e, ao mesmo tempo, suscitando riscos.

É inegável o valor cultural e simbólico que o carnaval assume nas suas diversas manifestações, sobretudo em algumas regiões diferenciadas do Brasil. Mérito especialmente das escolas de samba, mas também de uma política equilibrada de promoção do carnaval, especialmente em alguns Estados com mais tradição.

Mas é inegável que muitas práticas carnavalescas descambam para a irresponsabilidade moral, expondo as pessoas a graves riscos, não só de envolvimento em atitudes de devassidão, mas em frequentes perigos de vida, como consequência dos exageros, que se procura justificar invocando para o carnaval uma permissividade ilusória, a qual abre caminho para atitudes equivocadas, com sérias consequências de toda ordem.

Se a este contexto somamos os abusos da bebida, a irresponsabilidade no trânsito, o consumo de drogas, se completa o quadro de ambiguidades e de excessos, que expõem as pessoas a sérios riscos, de que elas na hora não se dão conta, tornando assim ainda mais perigosos os ambientes resultantes destas ambiguidades do carnaval.

Quem mais está exposto a estes exageros é a juventude. Por sua sede de experiências fortes e de liberdade total, facilmente os jovens se tornam vítimas dos seus próprios exageros.

Neste ano, passado o carnaval, a juventude estará no centro de nossas atenções, pela Campanha da Fraternidade. Foi muito oportuna esta opção da CNBB de fazer da juventude o tema central deste ano. E, de novo, o confronto do carnaval com a Quaresma se torna símbolo da situação da juventude. Para o carnaval os jovens vão sem precisar de convite. Para refletir sobre suas vidas, no contexto da Campanha da Fraternidade, temos que encontrar maneiras de nos aproximar dos jovens e convidá-los a participar.

Neste ano, o carnaval acontece sob o impacto da tragédia de Santa Maria, e com a disposição do policiamento de coibir rigorosamente os motoristas de dirigirem alcoolizados.

Que estes dois fatores sirvam de alerta a todos. Para que, passado o carnaval, possamos viver com intensidade o tempo da Quaresma. Que ela seja bem-vinda!

# Páscoa: sintonia e coerência

(24 de abril de 2011)

A celebração da Páscoa tem ressonâncias muito antigas. A própria data é indicada pelo calendário lunar dos judeus, que determinava a Páscoa para o primeiro sábado após a lua cheia do mês de "nisan", que corresponde, aproximadamente, ao nosso mês de abril. No caso deste ano, com a lua cheia caindo no domingo dia 17, a Páscoa fica para o sábado dia 23.

A Campanha da Fraternidade sobre a vida no planeta evoca o contexto que deu origem à celebração pascal. Os primeiros ritos pascais eram ligados à celebração da vitória da vida sobre a morte, expressa pela exuberância da primavera, em que a vida retoma vigor após os rigores do inverno que parecem sufocá-la.

A Páscoa recebeu depois uma conotação histórica bem definida, com a saída do povo hebreu do Egito. Ela foi claramente marcada pelo contexto pascal. A partir daí, o povo hebreu assumiu a Páscoa como expressão de sua identidade e como recordação de sua passagem da escravidão para a liberdade.

Como sabemos, neste contexto histórico Jesus inseriu a celebração de sua memória, integrando ao mesmo o rito antigo da festa judaica no novo significado que a Páscoa passava a ter, a partir de sua morte e ressurreição.

Cabe aos cristãos recolherem este significado profundo, que é inesgotável na sua potencialidade de inserir no mistério pascal de Cristo todas as dimensões da vida humana.

Mas o contexto da Campanha da Fraternidade deste ano nos sugere a integração fecunda que é possível fazer das três dimensões da Páscoa. A começar pela dimensão cósmica, que foi acentuada pelas reflexões feitas em torno da vida em nosso planeta.

Somos chamados a cultivar uma espiritualidade que poderíamos chamar de ecológica, captando as mensagens que o universo nos transmite, com sua maravilhosa harmonia.

De fato, a Campanha nos ajudou a perceber a estreita ligação de nossa vida humana com a natureza. Ela não se limita a garantir o ambiente favorável à nossa existência. Somos parte da natureza. Em decorrência disto, podemos identificar nossa situação privilegiada, que nos permite situar-nos com perspectivas transcendentes à natureza e assumir conscientemente nossa condição humana.

O gesto de Cristo de moldurar seu testamento no contexto da celebração histórica da Páscoa judaica nos dá um profundo ensinamento, de quanto é importante colocar-nos na dinâmica da história humana, se queremos inserir-nos dentro dela e fazer parte da trajetória verdadeira da epopeia humana.

Assim, fica claro o recado da Páscoa deste ano. Ela nos convida a sermos pessoas integradas, seja no contexto da natureza, seja na trama da história, e também na coerência da fé que abraçamos.

As três dimensões são indispensáveis e se fortalecem mutuamente. Cabe a cada pessoa escolher as motivações que melhor podem acionar a integração das diferentes dimensões.

Mas é inegável que a figura de Cristo serve de exemplo perfeito de integração vital. Mais que ninguém, sabia captar os encantos da natureza, de onde tirava suas belas parábolas. Ele conhecia profundamente a história do seu povo e sabia expressar o significado dos seus episódios. E, sobretudo, soube dar um significado novo aos ritos antigos, colocando neles os símbolos da entrega de sua vida por amor a toda a humanidade.

A Páscoa é um convite para a integração de nossa vida no grande concerto do universo, na caminhada da história humana e no testamento sempre renovado do mistério de Cristo.

# Domingo esperado

(12 de maio de 2013)

Por ser Domingo das Mães, o dia fica muito especial. E por ser especial, é preparado com antecedência, esperado com ansiedade, precedido de diversas providências para que a festa seja garantida. Na verdade, o Domingo das Mães nos coloca o desafio de como celebrar todos os domingos. Todos eles podem assumir a dimensão de festa, que congrega a família e reúne a comunidade. São duas realidades que precisam fazer parte de qualquer domingo que se preze: a família e a comunidade. Todo domingo é dia da família, todo domingo é dia da comunidade. São as duas referências que situam o cotidiano de nossa existência, que tem na semana o seu ritmo, que nunca foi alterado. Tanto que até hoje nunca foi mudada a sequência dos dias da semana.

Quando é escolhido o domingo para assinalar uma efeméride, é sinal de que a data a ser comemorada é muito especial, a ponto de contagiar a semana toda.

Por isso, a festa das mães não é vinculada a um dia do mês, mas a um dia da semana, no caso o domingo. Ficaria sem graça, por exemplo, celebrar o Dia das Mães numa segunda-feira. Uma festa especial requer um domingo para ser bem celebrada.

Comparando com as festas litúrgicas, o domingo de Páscoa serve como referência permanente para a celebração de todos os outros domingos. Ele dá o conteúdo a ser celebrado em cada domingo. Por conta disso, todos os domingos, de certa maneira, viram "domingo de Páscoa", no qual celebramos o mistério da paixão, morte e ressurreição de Jesus.

Se a Páscoa fornece o conteúdo, o Domingo das Mães fornece a forma para celebrar o domingo de maneira festiva, e nos ensina que todas as realidades de nossa vida recebem um sabor melhor e tomam seu sentido verdadeiro, quando bem assumidas e bem celebradas no domingo.

Assim se confirma a importante convicção da liturgia de celebrar a memória dos mistérios de Cristo, mas também celebrar a realidade cotidiana de nossa vida, colocando-a à luz desses mistérios que a iluminam e a integram como motivo de nossa celebração.

O domingo é o dia de recordar a memória do Senhor, mas é também o dia de celebrar nossa vida, com os muitos motivos de ação de graças que ela nos apresenta.

Como todo domingo é dia de Páscoa, bom seria se todo domingo contasse com a dinâmica envolvente do dia das mães. Para ser preparado, aguardado com expectativa e celebrado com alegria em toda a comunidade, em todas as famílias.

Desaprendemos a valorizar os domingos. Por isso eles perderam sua graça.

Como no Domingo das Mães, não pode faltar na comunidade uma homenagem especial para elas. E não pode faltar na família um bom almoço, temperado com carinho e com alegria.

Assim, em todo domingo, não pode faltar a celebração na comunidade, da qual devemos participar ao vivo. E não pode faltar a festa em família, na alegria de sentir-nos unidos e abençoados por Deus.

Comunidade e família, os dois componentes que não podem faltar em nenhum domingo!

# A cruz: equívocos de interpretação

(11 de setembro de 2011)

No dia 14 de setembro, a Igreja celebra a "exaltação da Santa Cruz". A festa recorda a época em que a fé cristã, tornada religião livre, e aos poucos hegemônica na Europa, propiciou aos cristãos cunharem símbolos de sua identidade que favorecessem sua afirmação social e cultural.

O contexto histórico da fragmentação do império romano favoreceu a constituição de uma nova entidade, com suas diversas dimensões de ordem religiosa, cultural, social e econômica. No âmbito do antigo império, foi emergindo a Igreja. Ela expressava o grande número de pessoas que passaram a fazer da nova fé religiosa um elo de vinculação social, com suas práticas e seus símbolos.

Entre estes símbolos, sobressaiu a cruz. Pela maneira como ela evocava acontecimentos fundantes da nova fé, a cruz se tornou o símbolo mais eloquente, com a vantagem de ser ao mesmo tempo simples na sua configuração e profunda na evocação dos fatos centrais relativos a Cristo.

Foi então que cresceu a curiosidade por encontrar a cruz autêntica usada na execução de Cristo no calvário. Assim, o interesse pelo símbolo despertou o interesse pelo objeto.

Nos inícios da Igreja primitiva não se encontra nenhum rastro desse interesse pelo objeto concreto da cruz de Cristo. Ao contrário, os fatos testemunham o grande impacto causado pela presença viva do Ressuscitado. Se ele estava vivo, pouco interessavam os instrumentos de sua morte. Não se comprova nenhum interesse em identificar ou guardar objetos que tinham estado em relação pessoal com Cristo. Ninguém se preocupava em saber onde teria ido parar o manto de Cristo, onde estaria o cálice usado por ele na última ceia, e assim por diante.

Só depois de estruturada como entidade, a Igreja passou a cultivar os símbolos de sua identidade. Foi então que emergiu a importância da cruz, como portadora de uma simbologia muito profunda e bem caracterizada.

Todo símbolo recebe o seu significado do relacionamento concreto com os fatos que o constituíram como sinal. Cultivando esta vinculação, aprofunda-se o significado do símbolo. Quanto mais, por exemplo, se relaciona a cruz com o testemunho de amor que Cristo expressou por ela, mais a cruz se torna símbolo de sua mensagem.

Mas, por contraste, quanto mais se vincula um sinal que já tinha o seu significado próprio, com contextos contrários a este significado, o símbolo inverte sua mensagem no novo contexto associado a ele.

Foi o que aconteceu com a cruz. Usada na morte de Cristo, passou por sua primeira grande metamorfose simbólica, deixando de ser sinal de condenação para se tornar, para os cristãos, sinal de salvação.

Mas infelizmente os cristãos usaram a cruz como símbolo das "cruzadas" contra os povos que habitavam a antiga "terra santa". De tal modo que, para esses povos, até hoje a cruz é maldita, pois evoca os equívocos cometidos nestes episódios históricos.

Tanto que os cristãos precisam agora relativizar o uso da cruz no seu relacionamento com os muçulmanos.

Até entre os próprios cristãos, o uso da cruz não é unânime. Viajando pelo interior dos Estados Unidos, dá para distinguir claramente a diferença de cemitérios. Onde os túmulos são encimados pela cruz, o cemitério é católico. Onde os túmulos são desprovidos de cruz, o cemitério é protestante.

Parece que os cemitérios acabaram entrando na conversa de hoje, para dizer que os desentendimentos humanos são quase fatais. Até nossas bandeiras podem se tornar símbolos equivocados, se não soubermos distinguir, afinal de contas, entre o significante e o significado.

A propósito, o sábio provérbio latino nos adverte: "Cave a signatis!". Isto é, cuidado com os marcados por símbolos!

186

# Sincronizar os calendários

## (25 de março de 2012)

Com frequência nos flagramos olhando o relógio, não para ver a hora, mas para conferir o dia em que estamos. O dia do mês, bem entendido. Pois o dia da semana o sabemos bem. Sinal de que o nosso ritmo de vida é ditado muito mais pelas semanas do que pelos meses. O fato é que somos herdeiros de dois calendários, diferentes, e que devemos sincronizar em cada ano. O calendário lunar, de onde derivam as semanas, e o calendário solar, de onde derivam os meses.

Há festas que seguem o ritmo das semanas, como a Páscoa, que cai sempre de domingo, mas que pode acontecer entre os dias 22 de março a 25 de abril.

Há outras que seguem o ritmo dos meses, como o Natal, que cai sempre no dia 25 de dezembro, mas pode acontecer em qualquer dia da semana.

O calendário dos romanos, que se guiava pelo sol, começava seus meses em março, cujo nome deriva do deus "marte", padroeiro da guerra. Março era considerado o primeiro mês do ano. Por isso, os meses de setembro a dezembro, ainda hoje, trazem em seu nome o número de sua série. "Setembro" era o "sétimo" mês do ano.

Para a contagem tradicional da lua, ainda se parte dessa série antiga dos meses.

De vez em quando acontecem algumas coincidências, em que os dois calendários se juntam para assinalar a mesma data. Neste ano de 2012, por exemplo. No dia 31 de março será o fim do mês e também o fim da Quaresma, que nos leva para a Semana Santa. Às vezes estas coincidências ajudam. Outras atropelam. Como neste domingo. É o quinto domingo da Quaresma, mas é também o dia 25 de março, festa da Anunciação. Quando assim acontece, uma das festas passa para a segunda-feira. Assim faz neste ano a Liturgia, que celebra a Anunciação nesta segunda-feira, dia 26 de março.

Já foram feitas muitas tentativas de uniformizar os calendários. De tal modo que o domingo de Páscoa caísse sempre no mesmo dia do mês. E o Natal no mesmo dia da semana. Mas até hoje não deu certo, pois as mudanças propostas implicariam alterar a sequência da semana. E ninguém quer mexer com a semana.

Em 1581, por exemplo, para se fazer o ajuste proposto pelos astrônomos, que já tinham identificado um sensível desequilíbrio nas estações do ano, se fez uma mudança importante. Passou-se do dia 4 de outubro para o dia 15 de outubro. Mas não se alterou a semana. O dia quatro foi domingo e o dia 15 foi segunda-feira. Isto é, se mexeu no mês, não se mexeu na semana.

Como neste ano convém vincular todos os assuntos ao Concílio Vaticano II, é curioso constatar que o Concílio abordou também esta questão. Como, aliás, não podia deixar de fazê-lo, pois ela tem muitas implicações no "Ano Litúrgico".

Pois bem, o Concílio colocou o assunto como um "apêndice" ao seu documento *Sacrossanctum Concilium*, que tratava da Liturgia.

Em primeiro lugar, sempre coerente com sua vontade de entrar em diálogo com o mundo moderno, elogiou as tentativas feitas de se chegar a um "calendário fixo" para as festas litúrgicas, e a um "calendário perpétuo" para a sociedade civil. Mas deu um critério: de todos os sistemas propostos, a Igreja "só não se opõe àqueles que conservam e guardam a semana de sete dias com o domingo". Isto é, tentem mexer quanto quiserem nos calendários, só não mexam com a semana!

Esta convicção carrega o peso da longa tradição judaica, que a Igreja assume com alegria. Mas certamente traz também a importância do domingo, dia que sempre nos lembra a ressurreição de Cristo!

# Consciência negra

(18 de novembro de 2012)

O dia 20 de novembro é dedicado à "consciência negra", iniciativa que visa estimular e fortalecer a consciência da identidade própria racial e cultural dos negros no Brasil. A iniciativa já seria válida pelo número de pessoas que se sentem envolvidas nesta questão. Não é fácil ter estatísticas precisas, justamente numa realidade que está em plena mutação, em boa parte, exatamente, pelo processo em andamento de identificação racial e cultural.

Mas dá para afirmar que, aproximadamente, a metade da população brasileira se assume como possuindo componentes importantes ligados à negritude.

Comparando com dados recolhidos nos censos anteriores, percebe-se claramente que aumentou muito o contingente de brasileiros que se assumem como negros.

Isto demonstra que a iniciativa de promover a "consciência negra" vem dando bons resultados, em termos sobretudo de superação de preconceitos que a população ainda carrega, seja em referência aos negros, seja também de negros que acabam, de alguma maneira, introjetando o preconceito dentro de si próprios.

O fato é que permanece muito difícil a superação de preconceitos longamente implantados ao longo da história, com o apoio

190

da organização econômica e social, que traduzia o preconceito em medidas de opressão e de exclusão social, econômica e cultural.

A dificuldade em remover a carga de preconceitos que pesam sobre a população negra do Brasil, que ainda carrega as consequências do regime de escravidão, justifica as políticas públicas, que visam acelerar o processo de equiparação completa entre todos os cidadãos brasileiros, independentemente de raça ou de outros critérios.

Entre estas políticas, está o "sistema de quotas", que visa garantir uma crescente participação de negros nos cursos universitários. Este sistema encontra uma primeira justificativa diante da grande disparidade existente nas universidades, onde a participação de negros é flagrantemente desproporcional.

Alguns ponderam que este sistema, que pretende superar a discriminação, traz em si mesmo um viés discriminatório, na medida em que reforçaria o que se quer superar, isto é, ter a raça como referência para políticas públicas.

Acontece que a conveniência destas iniciativas tem presente a realidade concreta, constatada pelas estatísticas, de uma disparidade que, se continuada, perenizaria a desigualdade ora existente.

Mas também é verdade que, se pretendemos que estas políticas sejam eficazes, precisamos admitir que devem ser provisórias. Pois, em perspectiva, se elas conseguem o efeito pretendido, levarão a uma situação em que o ideal será a perfeita igualdade de oportunidades, que todos poderiam ter sem a ajuda de quotas ou de outras medidas que podem valer agora, mas carregam consigo a marca da caducidade.

Bom seria se o Brasil pudesse, de fato, dar ao mundo o precioso testemunho de uma sociedade igualitária, em perfeita convivência de raças diferentes, que prescindirão sempre mais de regulamentação legal para se relacionarem no respeito mútuo e no diálogo fraterno.

# Diálogo entre as culturas

(29 de junho de 2014)

A meio caminho de sua realização, a Copa do Mundo já garantiu o recado importante, inerente à sua envergadura mundial. A diversidade de participantes coloca em destaque a harmonização das diferenças, como desafio permanente para afirmar valores culturais e ao mesmo tempo relativizar suas expressões singulares. As diferenças se tornam positivas, quando valorizadas e reconhecidas. Mas podem também se transformar em motivo de tensão e de conflito, quando desprezadas ou mal interpretadas. O caminho para aproximar culturas e resultar em riqueza comum é o diálogo. Ele supõe aproximação, abertura para o outro, escuta e apreço pelo diferente.

O processo de diálogo entre as culturas é complexo e encontra sua melhor concretização em expressões artísticas, portadoras de mensagens, decodificadas intuitivamente pela própria beleza que manifestam. A arte tem sua capacidade própria de se revelar.

No contexto cultural de um povo sobressai a religiosidade, que se expressa por um conjunto bem definido de motivações e de práticas. A religiosidade suscita religiões, que se definem por um conjunto de afirmações teóricas e de práticas comportamentais, apresentando uma cosmovisão que abrange a totalidade do universo, ao mesmo tempo em que se detém na singularidade do cotidiano.

As religiões se transformam, por sua própria dinâmica, em sujeitos sociais, cuja atuação varia de acordo com as lideranças que se apossam delas.

Por serem bem concretas e terem um conjunto bem definido de verdades, as religiões podem se tornar em fator muito eficaz de entendimento e de paz.

Quando visualizamos o mundo todo, representado pelos países participantes desta Copa, percebemos a distância que ainda existe entre as culturas e as religiões.

Por sua estrutura mais definida, a religião explicita mais claramente o conjunto de suas crenças e de suas práticas.

No contexto de um mundo que virou aldeia global, com direito à livre circulação de todas as culturas e religiões, o diálogo se torna a primeira urgência a ser praticada.

A Igreja se deu conta da premente necessidade de diálogo entre as religiões, no Concílio Vaticano II, quando emitiu uma declaração muito clara e enfática no sentido de respeitar e valorizar às diferentes expressões religiosas, sobretudo das três grandes religiões que se encontram histórica e geograficamente bem próximas.

Trata-se das "religiões do livro": o judaísmo, o cristianismo e o islamismo.

Como todo diálogo, para prosperar, requer o reconhecimento do outro, o documento do Concílio sobre as grandes religiões faz uma breve apresentação, muito positiva, dos valores da religião judaica e do islamismo.

Dos judeus o documento afirma: "A Igreja de Cristo reconhece que os primórdios da fé e de sua eleição já se encontram nos Patriarcas, em Moisés e nos Profetas, segundo o mistério salvífico de Deus".

E a respeito dos muçulmanos afirma o Concílio: "Quanto aos muçulmanos, a Igreja os vê com carinho, porque adoram um único

Deus, vivo e subsistente, misericordioso e onipotente, criador do céu e da terra, que falou aos homens".

Portanto, por maiores que sejam as diferenças entre as religiões, sempre é possível lançar pontes para iniciar um diálogo e levá-lo em frente, aplainando os caminhos do entendimento e da convivência fraterna.

# Fé cristã e cultura ocidental

(23 de dezembro de 2012)

Estamos chegando ao Natal deste ano de 2012. Foi um ano que nos apontou com insistência o Concílio Vaticano II. A lembrança deste Concílio trouxe para a ordem do dia a história dos outros Concílios, já realizados pela Igreja. Sobretudo os primeiros quatro, de Niceia, de Constantinopla, de Éfeso e de Calcedônia.

Não é o caso aqui de tecer considerações sobre o conteúdo destes quatro primeiros Concílios, que definiram o credo cristão e formataram a configuração histórica da Igreja.

O que mais desperta a atenção é a brusca mudança de atitude do império romano diante da nova religião, que estava surgindo sem quase nenhuma estrutura social de apoio.

Até o ano de 313, quando foi publicado o "Edito de Milão", garantindo liberdade de culto para todas as religiões, a religião cristã era considerada como uma seita e, como tal, ilegal, coibida e perseguida pelo poder público.

Poucos anos depois, em 325, a fé cristã já não era mais perseguida. Ao contrário, tinha caído na benevolência do Imperador Constantino, que por conta própria teve a iniciativa de convocar o Concílio de Niceia e de presidi-lo na frente de todos os bispos.

195

Olhada sob o ângulo político, a repentina mudança de postura diante da nova religião configurava uma estratégia por parte do Império. A nova religião já não era vista como inimiga da ordem imperial, mas como aliada. Melhor ainda, serviria de instrumento para a unificação do império romano, que já começava a mostrar suas primeiras fraturas, sobretudo em sua parte ocidental, longe da nova capital, Constantinopla.

A partir daí se verificou um fenômeno surpreendente. Em poucos séculos, a frágil "seita" cristã tinha se tornado a religião assumida na prática pelos habitantes do antigo império romano. Isto permitiu que ela fosse se estruturando, com seu aparato oficial de Igreja, ocupando o espaço que o poder civil lhe assegurava, e inclusive lhe confiava.

Este fato, amplo e complexo em suas circunstâncias históricas, permite, em todo o caso, entender um longo trajeto da história do Ocidente, onde a religião cristã passou a ser a única existente.

Este período histórico já se esgotou. A cultura ocidental já há muito tempo vem reivindicando sua plena autonomia diante da religião, em especial a cristã.

Neste contexto se entendem algumas reações extremadas, que demonstram insegurança diante de um fenômeno que ainda não esgotou seu dinamismo.

As circunstâncias histórias proporcionaram para a fé cristã tempos de perseguição e tempos de bonança. Podem mudar as circunstâncias, mas a vitalidade cristã é endógena, não depende de circunstâncias externas. Com ventos favoráveis ou contrários, a fé cristã é portadora de uma mensagem eficaz, que não se impõe pela força externa, mas por sua própria consistência interna.

Se a cultura predominante quiser, por exemplo, esvaziar o Natal do seu significado religioso e reduzi-lo a mera festividade civil, a fé cristã continuará seu dinamismo.

Mesmo que o homem de hoje queira rejeitar a religião, ele não se exclui dos destinatários da mensagem cristã, que propõe amar toda pessoa humana, independentemente do seu posicionamento religioso.

Esta a originalidade de Jesus de Nazaré, nascido em Belém, em pleno império romano, conforme relatam os Evangelhos.

# Humanizar a fé

(10 de junho de 2012)

Por suas festas populares, o mês de junho mostra a face humana da fé cristã. Além dos santos tradicionais, com data marcada pelo calendário do mês, costumam ocorrer em junho a festa de *Corpus Christi* e a festa do Sagrado Coração de Jesus, assinaladas pelo calendário semanal.

É o que acontece neste ano. As duas primeiras semanas do mês de junho são assinaladas pela festa do Corpo de Deus, numa quinta-feira, e a pela festa do Sagrado Coração de Jesus, numa sexta-feira.

Por terem caráter tradicional, estas "festas juninas" são por vezes consideradas de segunda categoria, por trazerem ingredientes populares nas suas celebrações.

Verdade é que toda "devoção popular" precisa ter na liturgia oficial da Igreja um parâmetro que lhe sirva de inspiração e de modelo, como ponderou o Concílio. Mas a dimensão humana, tanto da liturgia oficial como das festas populares, não desmerece, mas aumenta o seu valor, quando assumida em referência às grandes verdades da fé cristã.

Nestas festas, a verdade maior, a ser invocada como iluminação, é o mistério da encarnação. A fé nos diz que o próprio Deus

198

se humanizou, assumindo nossa natureza, e vivendo "igual a nós em tudo, menos no pecado", como observa São Paulo. Pela encarnação, Deus se colocou ao nosso alcance. Se ele se humanizou, nós somos chamados a humanizar nosso relacionamento com ele.

Por isso, a teologia encontra na natureza humana suas melhores analogias para falar do mistério de Deus. E a liturgia encontra na humanização o seu critério mais profundo e abrangente.

Numa época em que volta com força a rigidez do rubricismo na liturgia, mais se torna importante invocar o critério da encarnação. Um gesto litúrgico será tanto mais autêntico quanto mais assumir a forma humana.

Na Eucaristia, Cristo nos dá o exemplo maior de valorização dos símbolos humanos. No pão e no vinho ele colocou a simplicidade de uma refeição, fácil de fazer, e ao mesmo tempo a nobreza de um alimento, bem preparado e bem servido, "fruto da terra e do trabalho humano".

Ao redor deste gesto, simples e fecundo, nasceu a liturgia da Igreja, cuja celebração pode assumir as variadas formas que as circunstâncias humanas sugerirem como convenientes. A festa do "Corpo de Deus" é uma dessas formas, que se justificam pela dimensão humana da memória deixada por Cristo.

Igualmente a festa do "Coração de Jesus", na semana seguinte à festa do Corpo de Deus, é também uma celebração impregnada de humanidade. O próprio Jesus acenou para o seu coração, dizendo: "vinde a mim todos vós... porque... sou manso e humilde de coração". E o Evangelho faz questão de narrar o episódio final da crucificação, em que o soldado fere com a lança o coração de Jesus, do qual saiu "sangue e água". Como o próprio Cristo, também o seu coração se tornou sinal do seu amor por nós.

Diz a Carta aos Hebreus que Jesus "não se envergonha de nos chamar de irmãos" (Hb 2,11). Quem despreza as celebrações populares, certamente, não está em sintonia com o mistério de Deus.

Humanizar a fé é caminho seguro para a sua autenticidade e sua eficácia.

# Manchetes de Natal

(18 de dezembro de 2011)

Pelas manchetes dos grandes jornais, ficamos sabendo das notícias importantes do dia. Assim ao menos parece. E se não for verdade, a própria manchete vira notícia. Vira verdade, porque divulgada pelos grandes meios de comunicação. A versão do fato vira o fato.

Quais serão as manchetes dos grandes jornais no Natal deste ano? Ou, dizendo de outra maneira, o que convém divulgar no Natal para que se torne notícia importante?

Que Jesus nasceu em Belém, parece manchete já desgastada. Ao menos já não ajuda a causar impacto positivo no mercado.

Mas não deixa de ser interessante a diferença de critérios para classificar a importância das notícias. Pois o "Evangelho", como "Boa Notícia", continua produzindo manchetes. E quais seriam estas manchetes, para termos neste Natal um noticiário consistente?

O próprio Jesus nos dá as dicas.

Tomemos o relato de Lucas, o "repórter" que melhor descreveu os acontecimentos relativos ao nascimento de Jesus em Belém de Judá. Segundo ele, a maior notícia do mundo tinha passado desapercebida aos olhos dos escribas e sacerdotes de Jerusalém, e também dos habitantes de Belém.

Todos estes tinham dormindo tranquilos na noite de Belém. Perderam a maior manchete, de validade permanente em todos os tempos. E assim deixaram de ser protagonistas da maior notícia que o mundo até hoje pode receber, formulada de tantas maneiras, mas todas elas contendo esta verdade tão importante: "De tal modo Deus amou o mundo, que enviou o seu Filho Unigênito, não para condenar o mundo, mas para salvar o mundo!".

Pois bem, quais são as manchetes sugeridas pelo próprio Jesus, ele mesmo vítima do silêncio da grande imprensa?

Segundo a reportagem de Lucas, João Batista, intrigado com a falta de notícias a respeito daquele que ele mesmo tinha apontado como o "Cordeiro de Deus que tira o pecado do mundo", mandou dois dos seus discípulos para perguntar a Jesus: "És tu aquele que deve vir, ou devemos esperar por outro?".

Percebemos como a falta de notícias tinha produzido uma angústia tão grande em João que entrou em crise de fé.

Ainda de acordo com Lucas (Lc 7,19-23), Jesus não desfez a crise de João. Só deu pistas para ele próprio sair da crise. E aí encontramos as verdadeiras manchetes sugeridas por Jesus. Lucas insiste em dizer que, "nesta hora, Jesus curou de doenças e de enfermidades a muitas pessoas, e fez muitos cegos recuperarem a vista".

Depois, em cima dos fatos, propôs as manchetes a serem levadas a João: "Ide contar a João o que vistes e ouvistes: os cegos veem, os surdos ouvem, os paralíticos andam, os leprosos são limpos, os mortos ressuscitam, e a Boa Notícia é anunciada aos pobres. E feliz quem não se escandaliza de mim".

Pois bem, que salvador é este que perde tempo com os estropiados da vida?

Na verdade, as pequenas ações, sinais verdadeiros da chegada do Reino de Deus, ainda continuam fora das manchetes oficiais.

Mas com certeza, se fizermos pequenos gestos de bondade e de misericórdia, mesmo que não sejam divulgados, estaremos também participando do maior evento da história, e com Jesus seremos protagonistas do seu Reino, que não vem de forma ostensiva, mas se mostra por pequenos sinais, que estão ao nosso alcance.

# Nomes cristãos, vocação brasileira

### (20 de janeiro de 2013)

A semana começa, neste domingo, com São Sebastião. Ela vai incluir também São Paulo, na próxima sexta-feira, dia 25. São Sebastião, o padroeiro do Rio. São Paulo, patrono do Estado que leva o seu nome.

Aliás, era também o Santo que dava nome ao Rio, que no começo se identificava como "São Sebastião do Rio de Janeiro". Como São Paulo, no início, também era "São Paulo de Piratininga". O próprio país nasceu batizado cristão: "Terra de Santa Cruz". Depois passou para o nome que hoje ostenta.

Temos outros exemplos, na geografia de topônimos de nossa tradição, se tentamos recuperar a memória de como foram batizados.

A Bahia era, claro, a "Bahia de todos os Santos". O Rio Grande era a "Província de São Pedro do Rio Grande do Sul". Maranhão era o "Estado de São Luís do Maranhão".

Por sua vez, temos um Estado brasileiro que honra o próprio autor da santidade, que é o "Estado do Espírito Santo".

Santa Catarina, de início, era o nome da ilha onde ainda hoje se encontra a capital, que estranhamente deixou o nome bonito da

204

santa para lembrar o Marechal Floriano, e chamar-se "Florianó-polis". Em compensação, a santa designa hoje o Estado inteiro de "Santa Catarina".

Assim, com nomes e sobrenomes, nem sempre o santo ficou no registro de batismo. O Rio Grande e o Rio de Janeiro, talvez pela semelhança de designações, acentuaram o rio e omitiram o santo. São Paulo preferiu ficar só com o nome do santo, esquecendo sua designação indígena.

Sem entrar no mérito das discussões sobre a identidade religiosa do povo brasileiro, e sobre a conveniência de usar, ou não, símbolos religiosos, temos uma sábia lição a aprender, tirada da história de nossos topônimos. Alguns estados, ou cidades, tiraram ou acrescentaram o nome de santos na sua designação geográfica. E fizeram isso sem nenhum preconceito, simplesmente obedecendo a consensos que espontaneamente foram se criando.

O bom senso do povo nos ajuda a livrar nossa mente de preconceitos inúteis, que só servem para colocar minhocas na cabeça das pessoas.

Ninguém se incomoda, por exemplo, se São Sebastião faz parte, ou não faz parte, do nome oficial da cidade e do Estado do Rio de Janeiro. E mesmo que não faça, o povo sabe festejá-lo, na espontaneidade de uma salutar tradição que não se importa com nenhum preconceito religioso.

# O Evangelho de Aparecida

(12 de outubro de 2013)

Com a realização, em Aparecida, da Quinta Conferência Latino-Americana em 2007, e com a visita do Papa neste ano ao Santuário Nacional, a festa de Nossa Senhora Aparecida recebeu um destaque especial. Aparecida está se tornando uma referência, não só para a Igreja no Brasil, mas também para a Igreja na América Latina, com repercussões positivas em âmbito mundial.

Este destaque se deve, sobretudo, ao "relato de Aparecida". Trata-se da narrativa dos episódios que compuseram o cenário do encontro da pequena imagem no Rio Paraíba. Estes episódios foram compondo uma espécie de nova "parábola evangélica", feita de circunstâncias bem concretas, de início ligadas aos pobres pescadores, mas em seguida envolvendo mais pessoas, até a imagem ser reconhecida como um símbolo carregado de mensagens positivas.

Pela maneira como os fatos foram encadeados, a história de Aparecida se reveste de uma singularidade muito especial. Ela assume características bem evangélicas. Ela continua a dinâmica do Evangelho. Em suas parábolas, Cristo sabia organizar suas narrativas de modo a transmitirem a mensagem que ele queria expressar. Assim dá para reconhecer no relato de Aparecida um fio condutor, apontando para valores evangélicos bem evidentes.

Aparecida tem como fato desencadeador da interpretação religiosa circunstâncias que fazem parte da realidade cotidiana, de consistência indiscutível. É dessas circunstâncias reais e concretas que se fez a costura de todo o episódio, baseado, portanto, em cenas da vida real, como Cristo fazia em suas parábolas.

Neste sentido, Aparecida não parte de fatos extraordinários, que envolvem a subjetividade das pessoas, como são as "aparições", sempre necessitadas de discernimento eclesial para serem aceitas. Aparecida não teve nenhuma "aparição". Sua mensagem se assenta em dados reais. O Rio Paraíba continua lá, a pequena imagem também, revestida agora do manto que expressa a respeitosa acolhida do mistério, detectado pelos simples pescadores, iluminados por sua fé.

O relato de Aparecida se constitui, na verdade, em exemplo de como perceber a presença do mistério nas circunstâncias cotidianas da vida. É um relato que não apela, em nenhum momento, para episódios fora da normalidade. Aparecida nos ensina a perceber a presença do mistério de Deus no cotidiano da vida.

O Papa Francisco, em sua homilia aos bispos do Brasil, no Rio de Janeiro, fez uma exímia interpretação mística de todo o relato de Aparecida. Ele estruturou esse relato em forma de verdadeira parábola, na qual ele se permitiu ir tirando, de imediato, as lições práticas dos diversos momentos do episódio.

Desde o achado da imagem. Mesmo fragmentada, foi acolhida com respeito pelos pescadores. Em sua fé simples e profunda, souberam valorizar o pequeno símbolo imerso nas águas. Eles mesmos o recompuseram, com sua iniciativa de unir corpo e cabeça. Tiveram cuidado e carinho para com a pequena imagem assim recomposta. Eles a acolheram, protegendo-a, e cobrindo-a com um manto. Assim ela se tornou motivo de atração de outras pessoas, que passaram a se reunir em torno dela, suscitando a necessidade de erguer uma pequena capela, desencadeando o processo de ampliação e difusão de sua mensagem. Aparecida nos ensina uma grande lição. As circunstâncias concretas de nossa vida são matéria-prima para a permanente parábola evangélica, que somos todos chamados a reescrever. Quanto mais simples forem os episódios desta parábola, mais próximos estarão do Evangelho. Pois Deus continua preferindo o caminho da simplicidade e da pobreza para ele mesmo realizar suas maravilhas, como Maria reconheceu antes de todos!

# As religiões a serviço da paz

## (15 de junho de 2014)

Em sua recente visita a Jerusalém, o Papa Francisco fez questão de ressaltar o caráter religioso de sua peregrinação à Terra Santa. Isto não o impediu de abordar as difíceis questões de ordem política que marcam aquela região. Em especial, fez um apelo às religiões para que se coloquem a serviço da paz.

O apelo é providencial. Em primeiro lugar, porque a causa da paz é tão importante que merece o empenho de todos. Independentemente de outras questões, que devem constar da agenda de negociações, a paz é a mais evidente e a primeira a ser conseguida. Fazendo as pazes, dá para abordar, em seguida, também as outras questões que precisam ser regulamentadas nas relações entre os diversos países do Oriente Médio.

Mas o apelo do Papa vem carregado de reminiscências históricas. Infelizmente, com demasiada frequência, ao longo da história, as religiões foram invocadas para justificar a guerra. Tanto que se cunhou a expressão de "guerra santa", como se a guerra pudesse contar com a bênção de Deus.

A própria região, identificada hoje com a "terra santa" por judeus, cristãos e muçulmanos, foi palco das "Cruzadas", que ainda hoje povoam o imaginário de muita gente. Há cicatrizes históricas que demoram para ser curadas e neutralizadas. Tudo isso precisa ser levado em conta, quando se pensa em negociações para a paz naquela região.

Pareceria anacrônico falar hoje de "guerra santa", mas acontece que ainda existem grupos que apelam para a violência, justificando suas atitudes como se fossem expressão de uma pretensa vontade de Deus, em nome de quem se sentem autorizados a optar pela guerra.

Se nos perguntamos pela razão da persistência desse clima belicoso, podemos identificar uma de suas raízes de onde ele brota e se sustenta. Trata-se do "fundamentalismo religioso" que pode ter diversas expressões, desde as manifestações fanáticas de religiosidade doentia e desequilibrada, até as atitudes de violência franca e aberta, que prolonga o clima de "guerra santa".

Estas atitudes padecem de um grave equívoco. Como a fé, seja ela qual for, apela para a realidade divina, que é absoluta e transcendente, tira-se a conclusão errada de achar que as manifestações humanas da religiosidade também se revestem do absoluto, que só pertence a Deus.

Na verdade, todo fanatismo religioso é, de certa maneira, uma idolatria. Atribui ao que é relativo a dimensão de absoluto. Faz do que é limitado uma expressão que não admite alternativas.

Este componente religioso precisa ser bem abordado no contexto da complexa realidade que envolve o relacionamento entre os países envolvidos na "questão palestina".

Quanto mais nos damos conta desta complexidade, mais percebemos como foi oportuno o apelo do Papa, convocando as religiões a se colocarem a serviço da paz.

Isto vale para a "Terra Santa", mas vale também como advertência a todos, para não acontecer que as religiões continuem incentivando a guerra.

Dada a radicalidade do fundamentalismo religioso, muitos historiadores chegam a prognosticar que as futuras guerras da humanidade serão guerras religiosas.

O exemplo dado pelo Papa Francisco, convidando israelenses e palestinos a rezarem pela paz, esconjure o fantasma da "guerra santa" e fortaleça o compromisso de todos pela paz!

# Consciência de nação

(29 de abril de 2012)

Olhar os bispos do Brasil reunidos é enxergar melhor o Brasil. Sobretudo se nos damos conta da realidade onde cada um vive, cumprindo a missão de sinalizar a presença da Igreja Católica. Olhando nossas fronteiras, em sua vasta extensão continental, muitas foram definidas pela ação da Igreja. A fisionomia do mapa do Brasil tem tudo a ver com a Igreja Católica. Em boa parte, foi a Igreja Católica, por sua presença, que definiu o território nacional.

Quando, por exemplo, no litígio entre a Inglaterra e o Brasil, a propósito da Guiana, o critério adotado era ver em que língua as pessoas tinham sido batizadas. Como sempre muito experta, a Inglaterra promoveu uma campanha de batismos, para as pessoas se chamarem John, e não João. Pois os "Johns" indicariam que o território seria inglês!

Muitos ainda hoje perguntam pelo prodígio deste vasto território ter sido unificado debaixo de uma mesma bandeira, quando os territórios de domínio espanhol ficaram tão retaliados. Em nosso país, sem dúvida, o princípio unificador foi a língua portuguesa. Mas não só. Teve influência decisiva a universalidade da mesma fé católica.

Sobretudo os bispos da Amazônia ainda carregam hoje em dia o peso de sustentar este símbolo da nacionalidade brasileira.

Algumas realidades escapam à compreensão da maioria dos brasileiros. Ainda ignoramos o que significa, na prática, aquele imenso território. A reunião anual dos bispos continua sendo uma boa oportunidade para trazer à consciência de todos a complexa realidade da Amazônia, que ainda não foi suficientemente assimilada pela consciência da cidadania do nosso país.

Algumas situações surpreendem. Conversando com os dois bispos do Estado do Acre, da diocese de Rio Branco e da diocese de Cruzeiro do Sul, já nas proximidades do Peru, surpreende saber que todo o acesso rodoviário ao Acre depende de uma balsa para atravessar o rio Madeira. A travessia, além de cara, é geralmente muito demorada, precisando às vezes aguardar horas a fio para conseguir vaga. E o Brasil continua incentivando a construção da "transcontinental", que uniria o Peru ao Brasil atravessando todo o território do Acre. Do lado do Peru a rodovia está asfaltada, pronta e bonita. No Brasil, além do terreno arenoso, dificultando a consolidação do leito da rodovia, o trajeto ainda por cima depende de uma balsa!

Outras surpresas a gente descobre perguntando pelo tamanho do território de cada diocese.

Sob este ponto de vista, a mais impressionante é a Prelazia do Xingu, onde há trinta anos está Dom Erwin, sustentando sua heroica batalha em defesa dos índios e dos seus territórios.

Pois bem, sua Prelazia cobre um território de 368 mil quilômetros quadrados, com uma população aproximada de 600 mil habitantes. A Suíça tem apenas 41 mil quilômetros quadros. Fazendo umas contas aproximadas, dá para dizer que o território da Prelazia do Xingu é dez vezes maior que toda a Suíça! Dá para imaginar como Dom Erwin consegue visitar as 900 pequenas comunidades aninhadas nas beiras dos rios...

Outro exemplo comovente é a diocese de São Gabriel da Cachoeira, desenhada pelo Rio Negro, começando nos confins do Brasil com a Colômbia e a Venezuela. Seu território é de 293 mil quilômetros quadrados. Comparando, de novo, com a Suíça, temos poucas diferenças a fazer. Com a peculiaridade de que a população daquela diocese, de cem mil habitantes, é formada 95% por indígenas, de 23 etnias diferentes!

E assim seria interessante conferir os dados concretos de cada diocese da Amazônia para constatarmos como pouco ainda sabemos da complexa realidade que ela traz para o interior da nacionalidade brasileira.

Olhando os bispos reunidos, dá para ler outras realidades muito interessantes e significativas. Uma delas, por exemplo: a Igreja do Brasil conta com mais de quatrocentos bispos, incluindo os aposentados. Pois bem, desses todos, mais de cem não nasceram no Brasil. Temos aí outro dado muito significativo, e que nos leva a compreender melhor as dimensões constitutivas de nossa nacionalidade. Somos um povo com vocação de abertura para o mundo. Temos a vocação de integrar os que aqui chegam das mais diversas procedências. E os bispos "estrangeiros" nos dão, com certeza, um bonito exemplo de cidadania, vivendo sua identificação com a nacionalidade brasileira. Eles abraçaram de tal modo a realidade brasileira que demonstram mais amor pelo Brasil do que muitos brasileiros.

Uma assembleia de bispos é também uma aula de geografia, de história e de nacionalidade brasileira.

# A Copa

## (25 de maio de 2014)

A Copa do Mundo vem se aproximando. Aos poucos vai nos envolvendo e não adianta disfarçar, aparentando desinteresse. A verdade é que todos nos sentimos escalados. Por mais que haja resistências, o espírito da Copa vai contagiando o povo brasileiro. Até a CNBB chegou cedo, fazendo seus comentários: "De todos os esportes, o brasileiro nutre reconhecida paixão pelo futebol. Explicam-se, assim, a expectativa e a alegria com que a maioria dos brasileiros aguarda a Copa do Mundo que será realizada em nosso país, pela segunda vez".

Esta a primeira constatação que justifica as outras ponderações apresentadas na nota da entidade, publicada ainda no dia 13 de março deste ano.

Mas seria ingenuidade achar que um acontecimento tão amplo como este ficaria limitado às suas dimensões esportivas. De resto, as repercussões da Copa, além do seu caráter esportivo original, acabam mostrando a indiscutível importância do evento, em todos os setores da sociedade brasileira, que percebe os olhares do mundo inteiro voltados para o nosso país.

O fato é que a realização da Copa se tornou um teste muito importante para o Brasil. Seu resultado não vai ser medido só pelo sucesso, ou insucesso, de nossa seleção. Vai depender de como soubermos administrar as energias, desencadeadas pelo clima de intenso envolvimento que a Copa já está suscitando.

Neste contexto, vale a pena deter-nos, com objetividade, a analisar as forças que estão em jogo. Pois é imperativo constatar que todos, a seu modo, e dependendo dos seus interesses, estão procurando faturar em cima da Copa.

O resultado mais positivo, que todos temos o direito de almejar, foi descrito pela nota da CNBB, quando afirma:

Os brasileiros, identificados por sua hospitalidade e alegria, saberão acolher aqueles que, de todas as partes do mundo, virão ao nosso país por ocasião da Copa. Nossos visitantes terão a oportunidade de conhecer a riqueza cultural que marca nossa terra, sua gente, sua arte, sua religiosidade, seu patrimônio histórico e sua extraordinária diversidade ambiental.

Mas já foram desencadeadas muitas outras expectativas no contexto dos diversos setores da sociedade. Algumas muito legítimas, outras nem tanto, e ainda algumas francamente descabidas e prejudiciais ao bem comum de uma sociedade democrática.

O fato é que muitos querem faturar com a Copa. As empresas querem lucrar. O comércio espera aumentar suas vendas. Os trabalhadores percebem que a oportunidade é boa para reivindicar aumento. Os políticos se acham no direito de causar estrago no campo adversário e ao mesmo tempo fortalecer os seus redutos. A cidadania também percebe que o ambiente explicita problemas que demandam mobilizações populares para serem enfrentados adequadamente.

Tudo isso tem o seu valor e pode ter o seu espaço no âmbito da Copa. Mas o que não podemos permitir, como país, como nação e como cidadãos, é a ação predatória, irresponsável, injustificada, insensata, depravada, de pessoas e de grupos que promovem

216

saques, partem para atos de vandalismo, destroem patrimônio, partem para a violência, pretendendo impor o clima de medo que lhes propicia uma impunidade nociva e altamente perigosa para a manutenção da ordem institucional.

Não podemos permitir que a sociedade brasileira se torne refém do vandalismo anárquico e criminoso. O espírito salutar da Copa precisa exorcizar os que se revestem de demônios vingadores de suas frustrações. A estes precisamos impor com clareza e determinação a força da lei, exigindo que se retirem de campo!

E como eles se aproveitam de manifestações pacíficas para puxar o manto da legalidade sobre si mesmos, quem promove essas manifestações precisa ter bem presente a responsabilidade cívica de não se deixar instrumentalizar por bandidos que ameaçam a própria ordem democrática.

Que o clima salutar da Copa nos livre de todas as ambiguidades e nos garanta o pleno sucesso deste evento que aguardamos com tanta expectativa.

# Corpo e mente

### (26 de fevereiro de 2006)

Estamos nos dias de carnaval. Disto o Brasil se dá conta com muita evidência. Tal sua importância, o carnaval se tornou a linha divisória mais evidente do ano. A maneira prática de situar o calendário é ver se a data vem antes ou depois do carnaval. Na sua origem, o carnaval nasceu para indicar outro tempo, mais importante e mais consistente. O carnaval surgiu em função da Quaresma. Era para assinalar que estava chegando o tempo aguardado com expectativa e que iria conduzir para o evento central do ano, a celebração da Páscoa.

Portanto, carnaval e Quaresma tem o mesmo nascedouro cultural. Não se excluem. Ao contrário, convergem no seu significado e pedem uma adequada integração, a ser realizada com discernimento.

Do jeito como está, o carnaval apresenta evidente contraste com a Quaresma. Tanto que parece se contrapor, sobretudo pelos exageros praticados, com suas consequências negativas, que infelizmente se contabilizam em cifras de acidentes e de mortes. Quantos perdem a vida, ou estragam sua saúde, em decorrência dos abusos do carnaval.

Existe o evidente desafio de integrar melhor carnaval e Quaresma. De situar melhor o que o carnaval enfatiza, com os valores que a Quaresma aponta.

Nesta tarefa, a recente carta do Papa Bento XVI, a primeira do seu pontificado, se apresenta extremamente oportuna.

Em primeiro lugar, porque o Papa enfatiza a importância do amor. Toda a fé cristã se baseia neste fato fundamental: Deus é amor!

No momento em que o mundo corre o risco da deflagração de guerras por motivos religiosos, é urgente proclamar esta verdade e projetar sua luz sobre os conflitos humanos: Deus não quer guerra, Deus não quer vingança, Deus quer amor.

"Num mundo em que ao nome de Deus se associa às vezes à vingança ou mesmo ao dever do ódio e da violência, esta é uma mensagem de grande atualidade e de significado muito concreto", afirma Bento XVI. Este o alcance político da encíclica, de uma eficácia muito além do que à primeira vista possa parecer. Esta afirmação oferece a base firme para o posicionamento da Igreja no contexto mundial, oferecendo o respaldo adequado para os questionamentos que ela é chamada a fazer a propósito de conflitos locais ou regionais.

Mas a carta do Papa tem igualmente uma repercussão cultural muito interessante. Ele aborda, com lucidez e desembaraço, as diferentes expressões do amor humano, sinalizando como elas podem ser integradas na maneira harmoniosa de a pessoa humana realizar sua vocação de amar.

Lembrando as diferentes conotações semânticas das palavras gregas usadas para falar de amor, "eros", "filía", e "ágape", o Papa discorre com elegância e competência sobre as realidades que elas evocam. A palavra "eros", usada sobretudo para expressar o amor humano entre homem e mulher, teve uma incidência muito grande em nossa cultura. Pelo fato de não ter sido usada nenhuma vez no Novo Testamento, que ao falar de amor prefere a palavra "ágape", difundiu-se a versão de que a fé cristã olhava com desconfiança as expressões humanas do amor. Tanto que Nietzsche, citado pelo

Papa, afirmou que o cristianismo deu veneno a beber para o "Eros", que assim, mesmo não morrendo, teria degenerado em vício.

Bento XVI enfatiza a visão integradora das manifestações do amor. Admite que pode ter acontecido um menosprezo da corporeidade. Mas aponta o valor positivo dos sentimentos e das expressões corporais do amor, ao mesmo tempo que as relativiza, colocando a necessidade de serem harmonizadas na forma de amar que busca o bem do outro, superando a satisfação pessoal, como Cristo ensinou e testemunhou, chegando ao ponto de dar a vida por amor.

Não é por acaso que o carnaval antecede a Quaresma, que leva para a celebração do amor de Cristo no seu mistério pascal.

Carnaval e Quaresma nos colocam o desafio do aprendizado do amor verdadeiro, que cada ano precisamos refazer.

# Médicos e padres

(08 de setembro de 2013)

Não é fácil, e talvez nem convenha, comparar médicos com padres, ou vice-versa. Mesmo que, para se ressaltar a importância da profissão de médico, se costume dizer que ela é um verdadeiro "sacerdócio". Mas aqui a comparação entre médicos e padres é colocada a propósito da polêmica instaurada nacionalmente, a respeito da contratação, ou não, de médicos estrangeiros para exercerem sua profissão em municípios que não dispõem do atendimento médico por profissionais brasileiros.

Faltam médicos brasileiros. Faltam padres brasileiros. Aí sim é possível fazer algumas ponderações.

Diante da falta de padres brasileiros, a Igreja sempre esteve muito aberta para acolher padres estrangeiros. E o povo sempre recebeu bem os padres vindos de outros países, especialmente da Europa, mas também do Canadá e até dos Estados Unidos.

Para dimensionar melhor o que significou para a Igreja do Brasil a presença de padres estrangeiros é revelador conferir quantos deles acabaram sendo eleitos bispos. Nas últimas décadas, somando os que já são agora eméritos, passa de cem o número de bispos estrangeiros colocados à frente de dioceses no Brasil. Isto representa, propriamente, um terço do episcopado brasileiro.

Claro que a análise deste fato comportaria outros ingredientes que ajudariam a explicar a composição do clero brasileiro. Mas o dado mais eloquente a ser levado em conta é, sem dúvida, a disposição de acolher, sem restrições nem reservas, a presença de padres estrangeiros com plena jurisdição pastoral.

Esta atitude contribuiu, certamente, para confirmar a fama do Brasil de ser um país aberto à universalidade, acolhedor da diversidade, sem maiores problemas de convivência com o diferente, pronto para a harmonia de relacionamentos com pessoas de outras culturas.

O fato evidente é este: a presença de padres estrangeiros foi muito positiva, tanto para o atendimento pastoral das comunidades católicas como para o conjunto do país, que pôde contar com a valiosa contribuição de pessoas capacitadas e laboriosas, que puderam prestar valiosos serviços sociais junto à população.

Diante disso surge espontânea a pergunta: por que não acolher os médicos estrangeiros, ainda mais diante da carência de profissionais que faz com que centenas de municípios brasileiros estejam desprovidos de atendimento médico?

Diante de situações dramáticas, que precisam de solução urgente, dá para dispensar o apelo à tradição brasileira, de abertura para a diversidade cultural, e centrar nossa motivação na urgência humanitária de socorrer a tantos doentes que acabam morrendo por falta de médico.

Nenhum médico gostaria de ser acusado de omissão de socorro profissional, causado por sua irresponsabilidade.

Certamente a classe médica do Brasil não quer ser responsabilizada pela falta de atendimento profissional a tantas pessoas que precisam com urgência de socorro médico.

Fica o apelo para que a classe médica do Brasil, através de seus organismos de representação, coloque diante do Ministério da Saúde suas ponderações sobre esta demanda, para que se chegue rapidamente a uma solução que não comprometa a imagem dos médicos brasileiros, não constranja os médicos estrangeiros e, sobretudo, se transforme em medidas eficazes em favor dos doentes, para quem a saúde não tem nacionalidade, pois ela goza de cidadania universal.

# Nhá Chica

(05 de maio de 2013)

A Igreja do Brasil vive um momento muito especial neste final de semana. Na pequena cidade de Baependi, Sul de Minas, se realiza a beatificação de Francisca de Paula de Jesus, popularmente conhecida como Nhá Chica, há muito tempo venerada pelo povo como santa.

Passados mais de cem anos de sua morte, em 1895, o povo nunca esqueceu o exemplo deixado por Nhá Chica. Com sua beatificação, ela pode agora ser venerada publicamente como exemplo de vida cristã, com a certeza de que em breve será canonizada, para ser invocada como santa.

Por seu simbolismo, o fato mereceria maior divulgação. Ele atesta o prodígio da expansão da fé cristã por todo o país, propagada não tanto por uma evangelização explícita da hierarquia eclesial, mas muito mais pela vivência e pelo testemunho de pessoas humildes, leigos e leigas, que mesmo em meio a condições adversas encontraram na fé e na prática da caridade um caminho de crescimento pessoal e de sua vocação à santidade.

Entre os diversos dados que compõem sua singular biografia, é bom ter presente que, no tempo em que Nhá Chica viveu, no Brasil só havia onze dioceses, no enorme mapa, tão rarefeito da presença da hierarquia da Igreja. Se a fé cristã dependesse naquele tempo do punhado de bispos e dos poucos padres existentes, ela não teria se arraigado desta maneira, fincando raízes tão profundas na cultura brasileira.

Neta de escrava, filha de ex-escrava e de pai desconhecido, Francisca de Paula de Jesus nasceu em 1810 em Santo Antônio do Rio das Mortes Pequeno, distrito de São João del Rey, vindo a falecer em 1895 em Baependi, onde viveu por mais de oitenta anos.

De acordo com informações atestadas pelo escritor e historiador José de Souza Martins, a avó de Nhá Chica, uma africana trazida de Angola num navio negreiro em 1725, ficou conhecida como Rosa de Benguela. Violentada aos 14 anos pelo seu "amo e senhor", foi vendida e levada do Rio para Minas, onde veio a morar perto de Mariana. Cativa na Fazenda Cata Preta, viveu quinze anos na prostituição. Aos 30 anos, doente, resolveu mudar de vida. Vendeu os poucos bens que tinha, distribuiu o dinheiro aos pobres e começou a participar de ofícios e liturgias nas igrejas da região. Esta a avó.

Sua filha Izabel Maria, a mãe de Nhá Chica, foi alforriada, deixando então de ser escrava. Mulher piedosa, ela pediu a Francisca que não se casasse, para assim dedicar sua vida à caridade.

Obediente à recomendação da mãe, viveu celibatária, cultivando verduras, frutas e flores, e rezando muito. Com esmolas e ajuda do povo, mandou construir uma capela que ficou conhecida como a igreja de Nhá Chica.

A menina nunca foi à escola. Viveu e morreu analfabeta. Lamentava não poder ler a Bíblia, da qual decorava trechos e recitava de cor algumas orações. Rezava diante de uma pequena imagem da Imaculada Conceição, retirando-se para junto dela no quarto, enquanto pessoas que recorriam às suas preces aguardavam na sala.

Segundo relato dos seus coetâneos, Nhá Chica era uma "moreninha clara, olhos verde-gaios, jovial, dengosa, um encanto de criança, alegre e comunicativa".

Ela captou bem a proposta de Cristo, de perder sua vida a serviço dos pobres. Recusou as persistentes insinuações de gozar da riqueza familiar do seu irmão mais velho que tinha enriquecido. Ficou firme no seu propósito até o fim de sua vida.

Na pessoa de Nhá Chica, podemos reconhecer a rica herança da fé cristã com que Deus abençoou o povo brasileiro. Com ela milhões de pessoas podem se identificar, percebendo a semelhança de situações nos caminhos de suas vidas.

Agora a presença da hierarquia da Igreja no Brasil se multiplicou espetacularmente. No tempo de Nhá Chica eram somente onze dioceses. Agora são 276. Que este crescimento estrutural consolide os laços da comunhão eclesial e dê mais consistência aos conteúdos da fé. Para que o povo brasileiro, ao mesmo tempo, mantenha a espontaneidade de suas práticas religiosas e se torne mais consciente de seus compromissos cristãos e eclesiais.

# Sede do mistério

(05 de fevereiro de 2012)

Ter sede é mais importante do que ter fome. Podemos ficar quarenta dias sem comer, dizem os místicos, mas não podemos passar este tempo todo sem beber.

Esta absoluta necessidade de água para o organismo remete para outra necessidade, ainda mais fundamental: a urgência de saciar nosso espírito. Como o organismo precisa se hidratar, nosso espírito precisa se impregnar dos ingredientes que o fazem existir: a capacidade de sintonizar com a verdade, captar a harmonia do universo e perceber o sentido da vida. Explicam os médicos que ter sede e fome é sinal positivo. O organismo solicita o atendimento de suas necessidades. A situação complica quando o organismo não percebe suas carências e passa a prescindir delas, como se não fossem importantes.

Alertam ainda que o perigo mais frequente mora junto aos adultos, que mais facilmente deixam de emitir os sinais de alerta a respeito de suas necessidades. Um adulto sente menos sede do que uma criança.

Depois de certa idade, o instinto natural precisa ser complementado pela decisão consciente. É aconselhável tomar água mesmo se não sentimos sede. De tal modo que até a própria sobrevivência atesta a importância de acionarmos nosso espírito, não só nossos instintos. Estes, têm vida mais curta e apostam que o organismo saiba prescindir deles, sem deixar de satisfazer as necessidades apontadas por eles.

Passando agora do símbolo para a realidade, no início de fevereiro costumam se manifestar muitos sinais de uma sede espiritual que o povo expressa de diferentes maneiras. Basta conferir as muitas procissões do dia 2 de fevereiro, data que tem sua origem no Evangelho, lembrando como Jesus foi consagrado a Deus, quarenta dias depois do seu nascimento.

Pois bem, esta festa iniciada em torno de um fato bem concreto foi assumindo outras dimensões religiosas, todas decorrentes da consagração de Jesus no templo de Jerusalém, reconhecido pelo velho Simeão como "luz das nações".

A data acabou ficando a festa da luz, que tem nas velas o seu símbolo tradicional, e que lembra o farol a iluminar os marinheiros.

Daí ficou fácil para a tradição transbordar do seu episódio inicial e se traduzir em festa de Nossa Senhora dos Navegantes, celebrada em muitos lugares do Brasil, sobretudo próximos a rios ou ao mar.

Mas no Brasil esta "festa da luz" tomou a forma de outras tradições religiosas, ligadas sobretudo à "deusa das águas", a "iemanjá", como já é costume antigo e tranquilo que aconteça.

As manifestações religiosas, sejam quais forem, trazem semelhanças que precisam ser bem identificadas. Em princípio, exercem a função de "símbolos" que evocam verdades superiores às nossas preocupações cotidianas. Servem de alerta para procurarmos saciar nossa sede de significação mais profunda da vida.

O bom senso aconselha respeitar estas manifestações religiosas, seja qual for a fisionomia que assumam. Pois não é o caso de amaldiçoar a sede, mas de garantir água limpa e boa, que sacie verdadeiramente.

228

# Via *Pulchritudinis*

### (25 de novembro de 2012)

No recente Sínodo, realizado no passado mês de outubro, causou surpresa uma proposta, que soava no mínimo como original. O assunto girava em torno dos caminhos para a transmissão da fé. Foi então que alguém lembrou a proximidade que sempre existiu entre a fé e a arte. A arte pode se tornar um bom caminho para conduzir à fé. Ela desperta nossa sensibilidade para o belo, que é predicado divino. Pois uma das tentativas de expressar a realidade divina é entendê-la como a realização suprema do bom e do belo.

Neste contexto toma forma a expressão latina que identifica na beleza um caminho para a fé: a "via *pulchritudinis*", o "caminho da beleza". Se tomamos o caminho da vida na estação da beleza, percebemos então que a vida vai nos dando muitos motivos de admirar a natureza. E esta, por sua beleza, nos enseja a "ligação" que podemos fazer, buscando a coerência maior que a fé proporciona, identificando a natureza como sinal de uma plenitude em que o belo e o bom passam de predicado para substantivo sem limites.

Se reparamos bem, os salmos da Bíblia nos mostram, de diferentes maneiras, como a beleza do universo se torna caminho de fé que nos leva a louvar e agradecer ao Criador do universo.

O salmista, extasiado diante da harmonia do universo, pergunta com admiração ante tanta beleza: "Que é o homem para o cuidardes com tanto carinho?".

Como resposta, percebe o homem envolvido nos grandes planos de Deus: "Pouco abaixo de Deus o fizestes, de glória e honra o coroastes!".

Ao longo da história, a Igreja se mostrou parceira dos artistas. Eles souberam se inspirar no mundo da fé para idealizar suas grandes obras de arte. Existe uma interação entre fé e arte. A fé inspira a arte, e a arte acaba confirmando a fé.

Quem entra, por exemplo, na basílica São Pedro, se depara com a famosa estátua da Pietà, feita por Michelangelo quando ele tinha 22 anos de idade. Diante desta estátua genial, quem se atreve a acusar o artista de idólatra, por ter feito uma imagem? A arte convida a erguer nosso espírito para o alto, e não para enclausurá-lo em questiúnculas equivocadas.

Podemos lembrar outra obra do mesmo artista, desta vez em forma de pintura: o famoso quadro do Juízo Final, na parede principal da Capela Sistina. A fé proporcionou ao artista o tema de sua obra. E a obra de arte imortalizou o Evangelho simbólico do Juízo Final.

A fé estimula os artistas, e os artistas acabam prestando um bom serviço para a fé.

Disto precisa resultar uma preocupação, que vai se mostrando cada dia mais urgente. Como preservar nosso patrimônio artístico, traduzido sobretudo nas construções de nossas igrejas. Muitas vezes elas ficam expostas a deformações, oriundas de iniciativas de reformá-las, sem levar em conta o que o projeto original queria expressar.

Em todo caso, a "via *pulchritudinis*" merece ser mais valorizada. Para que a beleza do universo, obra de Deus, junto com a beleza das obras artísticas, se torne um caminho propício e fecundo de reencontro da fé e de sua oportuna transmissão. Assim, o belo e o bom poderão andar de mãos dadas, e a justiça e a paz se abraçarão. Aí o mundo vai ficar muito mais bonito do que está.

# Igreja e sociedade

# A CNBB e a Constituinte

## (20 de outubro de 1985)

Por ocasião do dia de Nossa Senhora Aparecida, Padroeira do Brasil, a CNBB fez um apelo pedindo orações pela pátria, em especial, pelo adequado encaminhamento do processo constituinte. Nestes dias está próxima a votação pelo Congresso Nacional do projeto de convocação da Assembleia Nacional Constituinte para o próximo ano.

Inegavelmente a Igreja é no Brasil a instituição que nos últimos anos mais pode apresentar uma folha de serviços continuados em favor das causas da democracia. Especialmente a partir de 1964 a Igreja esteve sempre aberta, servindo como consciência crítica para alertar sobre os problemas nacionais e suas causas.

Nem sempre é fácil identificar estes problemas. Tanto mais se torna necessário o livre debate, e mais útil se faz a presença de uma instituição como a Igreja que está presente em todo o país e se identifica com o povo, especialmente pelas consequências dos problemas sociais.

Sem a atuação firme da CNBB, dificilmente teríamos chegado, no Brasil, ao processo de abertura política, que agora tem na constituinte a possibilidade de se confirmar estruturalmente.

Para estes dias se anuncia o lançamento, pela CNBB, de um roteiro de esclarecimentos sobre a Constituinte. Será colocado à disposição das dioceses, para assim ajudarem o povo a compreender a Constituinte, os pontos importantes que precisam entrar na nova Constituição e os critérios para escolher os representantes na Assembleia Constituinte.

De fato, o que mais o povo está precisando é de esclarecimentos. Ninguém está entendendo nada. A melhor contribuição que a Igreja pode dar é a formação de uma consciência política, condição indispensável para a participação do povo.

Não está garantido que a Constituinte vai corresponder aos anseios do povo. Diversos sintomas indicam que não. Pois se pretende reduzir a constituinte e identificá-la simplesmente com o novo Congresso a ser eleito. Disto o que mais se pode esperar é uma reforma da atual Constituição, não uma nova Constituição. "Tal situação, diz a CNBB, pode cavar um fosso profundo entre o Congresso e o povo. Com consequências negativas para o poder legislativo e a própria Constituinte."

Só um amplo debate popular poderá ainda evitar que isto aconteça.

# Igreja e sociedade

## (29 de setembro de 1985)

São muitas as questões que temos pela frente, que vão exigir um posicionamento claro e consciente de todos os segmentos da sociedade brasileira. Basta citar a Constituinte e a Reforma Agrária. Será preciso fazer apelo às melhores energias de todos para superarmos as grandes dificuldades que vão se avolumando. Diante disto, qual a missão da Igreja em nossa sociedade? A melhor contribuição que a Igreja deu e continuará dando é cultivar os valores comunitários do nosso povo. A própria vida da sociedade é um desdobramento destes valores fundamentais da vivência comunitária. Por isso, na organização das comunidades está não só a tarefa mais específica da Igreja, mas também a sua melhor contribuição para a sociedade.

Quanto mais o povo está educado para viver em comunidade, mais estará apto para assumir as dimensões jurídicas, políticas e administrativas da sociedade. Quanto mais as comunidades se fortalecem, mais consistência vai ter a dimensão social do povo.

As comunidades da Igreja têm uma dinâmica própria de sustentação, que não depende do apoio político ou administrativo da sociedade. É bom que assim seja. De um lado, porque a administração política já tem o que fazer para atender às incumbências que lhe são próprias. Por outro lado, os membros das comunidades devem encontrar dentro da própria comunidade a motivação para a sua sustentação.

Isto supõe que se respeitem os espaços próprios que as comunidades vão criando. Neste sentido é preciso analisar com senso crítico o que está acontecendo entre nós com as "quermesses" criadas pela tradição da Igreja como expressão social de suas comunidades e como meio de sua sustentação. O poder político está propenso a integrá-las em seus planos administrativos. São várias as interrogações que precisam ser feitas a respeito. Neste episódio se comprova de novo como a existência das comunidades educa a sociedade e cria formas de solidariedade que são aproveitadas pela própria organização social. Por outro lado, é oportuno perguntar por que motivos a sociedade não tem recursos para sustentar o que é de sua incumbência e que deveria ser garantido com seus recursos administrativos normais, sem sobrecarregar os membros das comunidades com apelos extemporâneos.

As comunidades possuem um valor insubstituível, que justifica terem a garantia de contar com suas fontes tradicionais de sustentação, para continuarem colaborando com a sociedade.

Ou será que para colher alguns frutos é preciso derrubar a árvore?

# Fome no mundo

(15 de dezembro de 2013)

A Igreja acaba de lançar uma campanha para a erradicação da fome no mundo. Esta campanha vem respaldada de apoios muito significativos. Quem a encabeça é a Cáritas Internacional, mas quem a subscreve é o Papa Francisco.

A repercussão prática da posição do Papa já se mostrou muito eficaz, quando do seu contundente posicionamento contrário à intervenção dos Estados Unidos na Síria. A posição do Papa demoveu uma decisão já praticamente tomada pelo Presidente Obama. E a partir daí os acontecimentos na Síria vão convergindo para uma solução pacífica do conflito interno, mesmo com as muitas dificuldades ainda a serem superadas pelo próprio povo da Síria.

Agora, a campanha é mais ampla, mais complexa e mais duradoura. Desta vez, o Papa fez questão de agregar outros apoios, estratégicos e práticos, visando inserir esta campanha contra a fome na própria dinâmica da ação da Igreja.

A campanha foi sugerida pela Cáritas da Espanha, e logo encampada pela Cáritas Internacional. É de salientar que o Presidente da Cáritas Internacional é o Cardeal Oscar Maradiaga, que é um dos membros do "Grupo dos oito cardeais", nomeados pelo Papa Francisco para o ajudarem no governo da Igreja.

Dessa maneira, resulta evidente a importância estratégica desta campanha, lançada quando vai tomando forma a nova postura da Igreja, simbolizada pela figura do Papa Francisco.

Para concretizar a proposta de uma Igreja "voltada para a sociedade", solidária com suas grandes causas, nada melhor do que enfrentar este "escândalo público", que é o flagelo da fome no mundo, como o próprio Papa o qualificou.

Com o lema: "Uma só família – Pão e justiça para todas as pessoas", a campanha é lançada agora com a intenção de ir envolvendo a Igreja toda, para atrair também as adesões da esfera pública, sobretudo no nível das Nações Unidas, onde o brasileiro José Graziano da Silva preside a FAO, a Organização das Nações Unidas para a Alimentação e a Agricultura.

A campanha começa "em casa", convocando as Cáritas de todos os países onde ela está organizada. Tem a intenção de se prolongar até o ano de 2015, quando com certeza já será possível avaliar suas repercussões práticas, para que a ação contra a fome se traduza em políticas públicas orgânicas e eficazes nos países que atualmente mais padecem deste flagelo, especialmente na África e também na Ásia.

Dependendo do critério adotado, chega-se a cifras aproximadas, que quantificam as estatísticas da fome.

O fato é que, segundo as Nações Unidas, existe aproximadamente um bilhão de pessoas que padecem de desnutrição no mundo. Outra constatação persistente é que o problema não decorre da escassez de alimentos. Com a produção atual, seria possível garantir alimentação suficiente para o mundo inteiro.

O problema, portanto, não se limita à produção de alimentos, que continua sendo um desafio. O mais difícil é a adequada distribuição dos alimentos, que não pode ser deixada à lógica mercantilista, onde o alimento vira mera mercadoria e a própria fome se torna, inclusive, fator de especulação financeira.

240

Esta, portanto, será uma campanha que vai mexer com nossas convicções. E vai colocar em destaque a importância do Brasil, não só pelo seu esplêndido potencial de produtor de alimentos, mas também pelos efeitos benéficos de suas políticas sociais, embora ainda incipientes.

Vamos aguardar as instruções práticas da Cáritas Brasileira, para que esta campanha se insira de maneira articulada em nossas comunidades e encontre uma generosa proposta por parte do povo brasileiro.

# Vínculos eclesiais

### (05 de agosto de 2012)

Para a diocese de Jales, agosto é propício para cultivar sua identidade eclesial. No dia 15 celebra seu aniversário, solenizado com a romaria ao redor do cruzeiro de fundação da cidade, que já se tornou tradição de cada ano.

A recuperação de sua história permite situar a diocese no contexto mais amplo da realidade eclesial do Brasil. Aí nos deparamos com dados históricos muito interessantes, que ajudam na compreensão do fenômeno religioso que as estatísticas se empenham em apontar com números nem sempre bem definidos no seu significado.

Cento e poucos anos atrás, o Brasil todo só contava com uma dezena de dioceses. Agora já são 274. Um crescimento espetacular, que precisa ser entendido no seu significado eclesial.

De fato, até a proclamação da República, só havia em todo o país onze dioceses. E todo o povo era católico. Uma constatação salta aos olhos: com uma estrutura tão precária, a Igreja Católica conseguiu a proeza de transmitir a fé cristã a toda a população. Mas com poucos vínculos eclesiais e com uma formulação teórica muito precária.

Assim, o Brasil resultou num povo católico, mas sem garantias institucionais de manutenção da identidade eclesial.

Pela força das circunstâncias, a fé caminhava sem o amparo da Igreja e sua transmissão era feita em decorrência de práticas religiosas com pouca consistência teórica e quase nenhuma vinculação eclesial.

A fé cristã tinha precedência diante da estrutura eclesial, o que está de acordo com a práxis de Cristo, que ensinou aos apóstolos que deviam tolerar se encontravam alguém invocando nome do Mestre, sem ser seu discípulo. "Não o impeçais... pois se alguém não está contra vós, está a vosso favor".

O povo se acostumou a prescindir da Igreja para crer em Deus, o que em princípio é fato positivo, que mostra a força de convencimento que a fé cristã possui.

Agora existe uma "investida eclesial", que precisa ser bem discernida.

Da parte da Igreja Católica, enquanto se alardeiam perdas significativas em número de fiéis, ela providenciou uma consolidação formidável de sua estrutura, sobretudo pela implantação de centenas de dioceses em todo o território nacional.

Concomitantemente com o crescimento da estruturação básica da Igreja Católica, o povo cristão brasileiro vem sendo solicitado com muita insistência por inúmeros apelos de pertença eclesial, das mais diversas formas e procedências.

Dada a fragilidade histórica dos laços que unem a expressão de fé com a vinculação eclesial, é mais do que compreensível que estes apelos de pertença eclesial encontrem acolhida em muitos cristãos, que nunca fizeram muita questão de vincular sua fé cristã com sua identidade eclesial.

O problema de fundo é saber em que resulta esta exasperada disputa por adesões eclesiais. Para que não aconteça o que Cristo advertiu aos fariseus, que eram capazes de ir até o fim do mundo para tornar alguém discípulo deles, mas a custo de ficar pior do que era antes.

A fé é um dom precioso, que Deus concede livremente a quem ele quer. A Igreja faz sentido não enquanto fatura benefícios da fé do povo, mas enquanto ajuda o povo a fortalecer e purificar a própria fé. Com esta intenção se justifica a estruturação eclesial da fé cristã.

O serviço eclesial não pode se transformar em disputa de concorrência, mas em convergência de esforços. A Igreja está a serviço da fé, e não a fé a serviço da Igreja. É sob este prisma que precisa ser analisado o panorama eclesial no Brasil. Como Jesus advertiu os apóstolos, a pregação do seu nome não pode se transformar em combate entre facções eclesiais.

# Uma diocese chamada Jales

### (19 de agosto de 2012)

A cidade de Jales figura entre as 274 sedes de diocese existentes no país. O último censo, que por suposição deveria resultar numa radiografia completa da realidade brasileira, não destaca este dado nem o colocou na mira de suas investigações. Valeria a pena conferir de perto o significado real desta referência singular, ostentada por este número expressivo de cidades que são sede de diocese.

Olhando a história da implantação desta estrutura básica da Igreja Católica, que se traduz no mapa das dioceses no Brasil, temos alguns dados muito significativos que não podem ser esquecidos quando nos perguntamos pelo processo de implantação das circunscrições eclesiásticas.

O primeiro deles é o mais contundente em termos de referência histórica. Quando foi proclamada a República, em 1889, portanto há pouco mais de 120 anos, no Brasil só existiam onze dioceses, nesta ordem histórica: Salvador da Bahia, Rio de Janeiro, Olinda e Recife, São Luís do Maranhão, São Paulo, Mariana, Goiás, Cuiabá, Porto Alegre, Belém do Pará e Fortaleza.

Salta aos olhos que a união entre Igreja e Estado, que vingou ao longo de todo o Brasil Colônia e também do Império, amarrava a Igreja, impedindo-a de se enraizar no território brasileiro, deixando muito frágil a vinculação eclesial da fé católica adotada por quase cem por cento da população brasileira da época.

Quando a Igreja se separou do Estado, perdeu seus privilégios de amparo do poder público, mas ganhou liberdade de organização, que lhe rendeu benefícios muito maiores. Quem imaginava que a separação iria inviabilizar a manutenção das estruturas eclesiais, equivocava-se redondamente.

Os sinais de vitalidade da Igreja na nova situação não tardaram a se manifestar. Logo em seguida foi criada a diocese de Manaus, em 1892, e de Curitiba, em 1895. Antes, a diocese de São Paulo abrangia todo o Estado de São Paulo e todo o Estado do Paraná.

Outro momento de evidente expansão das estruturas eclesiais no Brasil se deu em 1908, quando foram criadas cinco novas dioceses no Estado de São Paulo, elevando-se a capital à condição de arquidiocese.

A celebração dos 50 anos destas dioceses contribuiu para um novo impulso de expansão, com a criação de muitas novas dioceses pelo Brasil afora, já se prefigurando a situação atual.

Neste contexto, localiza-se historicamente a criação da diocese de Jales. Por diversas circunstâncias, ela pode se vincular ao processo conciliar.

Foi criada no dia 12 de dezembro de 1959, pelo Papa João XXIII. À primeira vista, nada de especial nestas datas. Mas, na verdade, cada circunstância traz um simbolismo muito interessante.

Doze de dezembro é o dia de Nossa Senhora de Guadalupe, a Padroeira da Igreja da América Latina, o continente que prontamente se abriu ao Concílio e acolheu suas recomendações, empreendendo uma bonita caminhada de renovação eclesial.

Acresce que 1959 foi o ano do anúncio do Concílio, a 25 de janeiro, no encerramento da semana de orações pela unidade dos cristãos, uma das causas que mais influenciaram nos trabalhos conciliares.

E o Papa João XXIII, que assinou o decreto de criação da diocese de Jales, foi o Papa do Concílio. Portanto, um batismo conciliar com diversas testemunhas, todas atestando a vocação da diocese de Jales de fazer do Concílio a sua inspiração maior, e de seus ensinamentos um roteiro de renovação eclesial. Como diocese, temos uma clara vocação conciliar e um sério compromisso de pronta adesão à inspiração original que levou João XXIII a convocar o Concílio com propósitos tão generosos que certamente necessitam agora do respaldo e da comprovação da experiência.

# Belém: terra do pão

### (22 de dezembro de 2013)

Estamos chegando ao Natal de 2013. É o primeiro sob o Papa Francisco. Ainda temos bem presente o impacto positivo causado no final do conclave, com a dupla surpresa: a escolha de um cardeal que ninguém imaginava, junto com a escolha do nome Francisco.

Esta dupla surpresa abriu logo um amplo espaço de projeção de expectativas, que foram se confirmando. Como o Francisco de Assis, o agora "Francisco de Roma" também se defronta com o desafio de renovar a Igreja de Cristo e de retornar à vivência dos valores evangélicos.

Foi dentro deste contexto que São Francisco teve a ideia de celebrar o Natal reproduzindo o cenário de Belém, de onde resultou o "presépio", que acabou entrando na tradição cristã. Hoje não se celebra o Natal sem um presépio, por simples que seja.

Pois bem, estas circunstâncias nos chamam a atenção para conferir como vai ser este Natal, com um nome que sintetiza bem dois personagens, colocados a serviço da missão de Cristo e da Igreja: o Francisco de Assis e o Francisco de Roma.

Em vista desta sintonia de duas figuras simbolizando os mesmos valores, a diocese de Jales elaborou sua novena propondo um "Natal com Francisco".

O "presépio" é fácil de fazer. O mais desafiador é sintonizar com os objetivos que o novo Papa vem nos propondo, com surpreendente objetividade e impressionante firmeza.

Uma iniciativa que encontra respaldo no contexto do Natal é a campanha contra a fome no mundo, lançada pela Cáritas e recomendada com particular insistência pelo Papa Francisco. Assumindo esta iniciativa concreta, em tempos ainda de definição do seu pontificado, resulta clara a intenção de fazer desta campanha contra a fome a inspiração para a Igreja se voltar para a sociedade e abraçar suas causas importantes. A fome é expressão da necessidade mais premente de toda pessoa humana. Todos temos absoluta necessidade de comer para viver. A fome se torna símbolo das necessidades que precisam ser atendidas para garantir um mínimo de dignidade humana.

O bispo emérito de São Félix do Araguaia, Dom Pedro Casaldáliga, referindo-se ao debate sobre valores relativos e valores absolutos, com sua verve costumeira sentenciou: "Só Deus é absoluto, e a fome!".

Concordamos com Dom Pedro, se entendemos que a fome dispensa qualquer discussão ou justificativa. Ela precisa ser atendida e não pode esperar.

Nestes dias de Natal nos encantamos com os gestos proféticos do Papa Francisco, aproximando-se dos mendigos de Roma.

Estes gestos sinalizam o compromisso do combate à fome que precisa ser colocado de maneira absoluta, pela Igreja e pela sociedade. Até o nome da cidade onde Jesus nasceu lembra o alimento mais necessário e mais universal. Belém significa "terra do pão".

Que o Natal nos ensine de novo o gesto da partilha do pão, como fez Jesus, saciando as multidões. Assim o Natal será, certamente, mais feliz, para todos!

# Sob o signo de Bento

(15 de julho de 2012)

A semana que termina foi bem servida de datas simbólicas. No início da semana, dia 9, os paulistas recordaram os 80 anos da Revolução Constitucionalista de 1932. Este episódio contribui para fortalecer a identidade deste Estado tão diverso na procedência de sua população.

A mesma data, 9 de julho, abriga a celebração de Santa Paulina, a "Madre Paulina", primeira santa canonizada que viveu no Brasil. Acabou ficando bem esta coincidência de celebrações, até porque a Santa honra o Estado com seu nome e com o testemunho de vida que aqui ela deixou.

No final da semana, o dia 14 de julho continua evocando os tempos da revolução francesa, episódio maior das grandes transformações políticas ocorridas na Europa nos últimos séculos.

E no meio da semana, dia 11 de julho, a memória de São Bento, padroeiro da Europa, como o Papa Paulo VI fez questão de estabelecer.

Pois bem, a soma destas circunstâncias nos convida a pensar na Europa e a nos perguntar o que está acontecendo com o "velho continente". Ele passa, sem dúvida, por um momento de crise. Os sintomas são diversos. Mas aquele que logo levanta inquietações,

250

por suas implicações práticas, é a crise econômica, que se manifesta com mais força em alguns países, mas que se tornou preocupação de todos eles.

Na verdade, a crise da Europa é mais profunda. Suas raízes são de ordem cultural. Depois de tantas transformações sofridas nos últimos séculos, a Europa tem agora dificuldade de entender a si mesma. Está em busca de uma nova identidade, que não é fácil de emergir, em cima de tantos destroços do passado a absorver e tantos valores novos a assimilar.

A "União Europeia" é a tentativa mais abrangente de construção de uma nova Europa, que corresponda às aspirações de suas diferentes nações e à expectativa do mundo, que se habituou a ter na Europa uma referência indispensável para a orquestração da ordem global.

A dificuldade em assumir uma nova identidade, que corresponda a tantas e tão diversas aspirações, se manifesta na obstinação em não admitir as "raízes cristãs" da cultura europeia. Na elaboração da "constituição" destinada a servir de base para a consolidação da União Europeia, não se quis admitir estas "raízes cristãs" da Europa.

Quem vive este drama, de buscar uma nova identidade europeia, integradora dos grandes valores que precisariam ser reelaborados, é o atual Papa Bento XVI. Ele poderia ser eleito o europeu número um, dentre todos os habitantes do continente. Nasceu no coração da Europa. Se fôssemos medir o continente com um compasso, sua ponta iria cair na cidade onde nasceu Joseph Ratzinger. E, ainda por cima, eleito Papa, ele escolheu o nome de Bento, o mesmo nome do Padroeiro da Europa. Não existe ninguém mais "europeu" do que o Papa Bento XVI.

Pois bem, Bento XVI e São Bento são os dois personagens que melhor nos ajudam a compreender a Europa. No tempo de São Bento, nas proximidades do ano 500 de nossa era, a Europa estava se esfacelando com o declínio do império romano. Foi então que apareceu São Bento, fundador dos monges no Ocidente. Ele lançou os fundamentos da nova Europa. Soube impregnar de valores cristãos a vida cotidiana das populações, com seu lema prático e eficaz: *"ora et labora"*, síntese integradora de valores da fé e do trabalho humano, roteiro de vida que iria possibilitar a consolidação da cultura que plasmou a Europa ao longo de séculos. Agora esta cultura está em crise profunda. Como nos tempos de São Bento, é preciso refundar a Europa. É o anseio que Bento XVI vem enfatizando com insistência crescente.

No tempo de São Bento, o esfacelamento do império romano facilitou sua obra de reconstrução da Europa. Para refazer esta façanha, a Europa precisa agora admitir a falência de muitos equívocos que levaram ao impasse atual. E reconhecer que os valores da fé não contradizem nem prescindem dos valores de ordem política e social. É uma nova síntese que precisa ser elaborada. Sem preconceitos e sem ilusões.

# Igreja em renovação

# Revisitar o Concílio

**(29 de janeiro de 2012)**

Nas tradições das grandes culturas, há duas maneiras de viver a história. Uma maneira é a linear: a história avança e nós registramos os passos que ela vai dando, assinalando o local de cada acontecimento num calendário progressivo. Esta é a maneira predominante da cultura ocidental.

Outra maneira de viver a história é a circular. Os anos vão passando, mas se inserem dentro de uma dinâmica repetitiva, onde parece que tudo acontece de novo, num circuito que avança e ao mesmo tempo parece retomar os mesmos acontecimentos. Esta maneira parece encontrar no calendário chinês sua realização mais típica. Aí os anos são identificados com algum ser que lhe dá nome. O ano pode ser do porco, do cavalo, do gato, e assim por diante. Um ano que passa, voltará depois de algum tempo.

Algo de parecido nós fazemos também quando revivemos alguns acontecimentos do passado, trazendo-os de novo presentes por uma celebração que nos ajuda a revivê-los.

A cultura judaica tinha muito forte este componente de reviver o passado. Ele foi aplicado, especialmente, para reviver o fato mais significativo da história de Israel, que foi a libertação do Egito. A celebração da Páscoa permitiu reviver o acontecimento passado, na realidade do presente. Jesus Cristo soube muito bem valorizar este componente de revivência histórica, vinculando a entrega de sua vida à memória a ser guardada para sempre. Aí reside a força celebrativa da Eucaristia, por exemplo.

Pois bem, voltando à maneira de reviver a história, a instituição que mais está a serviço desta revivência é a prática dos jubileus. Por eles não só recordamos os fatos, mas procuramos nos identificar com eles, percebendo a dinâmica que possuem, e nos inserindo dentro deles, de tal modo que, mesmo já passados, os fatos recebem novo valor; e nós que vivemos agora damos mais consistência à nossa vida, pela maneira como nela integramos o passado e nos associamos ao dinamismo do mesmo processo que moveu o passado e vai movendo o presente.

Neste ano temos uma situação bem típica deste fenômeno. Recordamos um acontecimento do passado que teve ampla repercussão histórica e que, na verdade, ainda não se esgotou. Trata-se do Concílio Vaticano II, realizado nos primeiros anos da década de 1960.

Sobretudo porque abordou a vida da Igreja, propondo uma nova compreensão e uma ampla renovação, o Concílio desencadeou um intenso processo que ainda está em andamento. Ele agora se defronta com as situações típicas que não existiam cinquenta anos atrás. Mas conserva a mesma identidade que o caracterizou como evento que marcou época e que ainda serve de referência para todos os que se posicionam diante dos temas que ele levantou.

Daí a importância de trazer presente os ingredientes mais típicos deste fato da história, possibilitando que eles possam agora de novo interagir, nas novas circunstâncias que a realidade nos apresenta hoje.

Neste sentido, vale a pena recordar que este Concílio levou a marca positiva de um Papa que foi muito bem acolhido por sua simplicidade e autenticidade de vida. E levou também a marca de um grande encontro, aberto ao relacionamento positivo não só com outras Igrejas, mas também com outras religiões existentes nas diversas culturas humanas.

Tentar reviver este vasto acontecimento é a meta deste jubileu especial que a Igreja pretende realizar, recordando os grandes temas e as grandes intuições do Vaticano II.

Esta também foi a intenção do pequeno livro que me senti na obrigação de escrever, para dar o meu testemunho pessoal de como foi vivido o Concílio Vaticano II nos tempos de sua realização.

# Abrangência do Concílio

(07 de agosto de 2011)

Quando foi anunciado em 25 de janeiro de 1959, o Concílio teve adesão pronta e surpreendente. Diversas circunstâncias contribuíram para isto, todas elas tendo como fonte a figura de João XXIII, que em pouco tempo de pontificado já tinha conquistado a simpatia de todos, pela sua bondade e simplicidade. Mas o fator que mais suscitou esperanças foi o contexto ecumênico do seu anúncio, feito na conclusão da semana de orações pela unidade dos cristãos. Espontaneamente todos entenderam que o Concílio iria se inserir dentro da questão que estava em jogo naquela celebração, realizada nas dependências da Basílica de São Paulo. Seria um Concílio a serviço da causa ecumênica.

Esta versão se espalhou tanto, e tão convictamente, que o próprio João XXIII se viu na obrigação de moderar as expectativas, alertando que o Concílio era de iniciativa da Igreja Católica e se destinava primeiramente a ela. Até porque não caberia à Igreja Católica convocar as outras Igrejas sem prévio entendimento mútuo. Mesmo que a restauração da unidade dos cristãos fizesse parte do horizonte do Concílio e se propusesse a tomar medidas internas necessárias para tornar viável um novo entendimento entre os cristãos.

O Concílio, portanto, mesmo levando o nome de "ecumênico", seria destinado à renovação da Igreja Católica, que teria, isto sim, como uma das motivações mais profundas a reconciliação entre os cristãos. De fato, o Concílio iria produzir um primoroso documento sobre o ecumenismo, destinado à Igreja Católica, mas contendo preciosas reflexões e normas práticas para o·relacionamento com os outros cristãos.

Mas, olhada agora, depois de cinquenta anos, esta forte expectativa ecumênica, suscitada pelo anúncio do Concílio, revela um significado mais profundo. Mostra como, desde o início, a proposta de um "Concílio Ecumênico" foi levada a sério e entendida como muito profunda e abrangente. Pois envolvia a temática densa e desafiadora da natureza e da missão da Igreja de Cristo.

De fato, nas esperanças ecumênicas estava identificada a temática central do Concílio, que iria se clarear sempre mais e que brilhou com toda a sua luminosidade no decorrer do Concílio: seu grande tema era a própria Igreja.

De maneira superficial, os que hoje pretendem diminuir a importância deste Concílio dizem que ele foi convocado sem ter assunto e que se limitou a recomendações de ordem pastoral, sem definições doutrinárias de peso.

Muito ao contrário! Ele abordou, de maneira delicada e esperançosa, a grande questão que vem se arrastando há séculos na Igreja.

A problemática da unidade entre os cristãos emergiu na ruptura entre católicos e ortodoxos, consumada em 1054, e se escancarou no século dezesseis com a reforma protestante.

Portanto, desde o seu anúncio, este Concílio se defrontou com um tema teologicamente muito denso e pastoralmente muito complexo. Desde o seu início, o Concílio foi entendido na sua ousadia de propor um tema que vinha desafiando os cristãos há séculos.

Isto nos leva a outra observação muito importante: por ter abordado uma questão que atravessava séculos, esse Concílio não se esgota em décadas. Ele requer uma recepção mais demorada e progressiva. Daí a demanda por continuar o processo que ele desencadeou. E o risco de ser anulado por resistências inerentes a cristalizações históricas.

Por isso, a sustentação de suas verdadeiras intenções é tão importante agora quanto foi o empenho em realizá-lo cinquenta anos atrás. A causa do Concílio ainda continua em pauta. Daí a importância de uma consistente celebração do seu jubileu, para resgatar sua temática, consolidar seus avanços e impedir retrocessos.

É o que já começa a fazer a diocese de Jales, colocando o Concílio, já neste ano, como tema central de sua romaria diocesana do próximo dia 21 de agosto.

# Concílio: sob o signo da alegria e da esperança

(30 de setembro de 2012)

Estamos chegando ao mês de outubro deste ano de 2012. Ele traz uma data muito esperada: o dia 11, quando se completam 50 anos da inauguração oficial do Concílio Vaticano II, acontecida a 11 de outubro de 1962. Como os peregrinos sentiam alegria ao ver Jerusalém às portas, depois de longa caminhada, assim foi naquele dia tão esperado, em que finalmente começaria o Concílio proposto pelo Papa João XXIII.

Neste ano somos convidados a descobrir quais foram os motivos de tanta alegria. E ver se conseguimos também hoje, depois de cinquenta anos, reencontrar caminhos de esperança para a Igreja e para a humanidade.

Na abertura do Concílio, ficou famoso o discurso do Papa João XXIII. Ele transmitiu a certeza de que o Concílio era fruto de inspiração divina e que tinha chegado a hora de a Igreja se renovar, se aproximar do mundo de hoje e se colocar a serviço da humanidade, com a qual queria assumir solidariamente suas grandes causas, e a ela oferecer a luz do Evangelho.

Ele começou seu discurso com a bonita expressão: *"Gaudet Mater Ecclesia"*, "Alegra-se a Mãe Igreja". Foram as primeiras palavras do Concílio.

Quatro anos depois, terminava o Concílio com as mesmas palavras de alegria e de esperança. Pois o último documento conciliar foi a constituição pastoral sobre a Igreja no mundo de hoje. Ele começa com as palavras: *"Gaudium et Spes"*, "As alegrias e as esperanças".

É significativa esta constatação. Entre o início e o fim do Concílio, há uma coincidência especial. No começo, a alegria da Igreja que via chegar o dia do tão esperado. No final, esta mesma alegria, alargada para toda a humanidade.

*"Gaudet Mater Ecclesia"* e *"Gaudium et Spes"*. Alegria no começo, alegria no final. Entre as duas manifestações, realizou-se o Concílio. Ele foi feito sob o signo da alegria e da esperança.

Nesta constatação dá para perceber a grande influência exercida por João XXIII no Concílio. Poucos meses depois da abertura, ele iria morrer, no início do mês de junho de 1963. Mas àquela altura dos acontecimentos, o Concílio já tinha sua trajetória garantida pela firme direção proposta por João XXIII. Os sentimentos do início permaneceram até o final.

O preâmbulo do documento sobre a Igreja no mundo de hoje pode ser considerado o texto que melhor expressa o espírito e os propósitos do Concílio. De todos os documentos aprovados, a *Gaudet et Spes* foi o único que não estava previsto nos esquemas preparatórios. Ele surgiu ao longo das discussões conciliares. Pode ser considerado como "filho legítimo" do Vaticano II.

Assim começa a *Guadium et Spes*:

As alegrias e as esperanças, as tristezas e as angústias dos homens de hoje, sobretudo dos pobres e de todos aqueles que sofrem, são também as alegrias e as esperanças, as tristezas e as angústias dos discípulos de Cristo; não há realidade alguma verdadeiramente humana que não encontre eco no seu coração... Por este motivo, a Igreja sente-se real e intimamente ligada ao gênero humano e à sua história.

Verdade é que as alegrias do Concílio foram respaldadas por um período histórico de muito otimismo, como foram as décadas de 1950 e 1960. Mas permanece o desafio: como reencontrar motivos de alegria e de esperança, mesmo em meio aos novos problemas que a realidade hoje nos apresenta.

O exemplo do Concílio permanece válido. Ele começou e terminou sob o signo da alegria e da esperança!

# Igreja da América Latina

(22 de setembro de 2013)

Dentro de poucos dias, no início de outubro, vai se reunir a Comissão de Cardeais, nomeada pelo Papa Francisco, para ajudá-lo no governo da Igreja. Sua composição obedeceu ao critério de representatividade. Todos os cinco continentes estão incluídos. Mas chama a atenção o fato de o continente americano ter três representantes, sendo dois da América Latina.

Sendo o Papa latino-americano, resulta evidente uma constatação que vai se confirmando sempre mais. A Igreja da América Latina está sendo colocada em destaque.

Em primeiro lugar pelo próprio fato de o Papa ser latino-americano. Não é por acaso que isto aconteceu. Sua atuação surpreendente aguça a curiosidade de muitas pessoas que procuram entender o que levou a Igreja da América Latina a oferecer um Papa tão surpreendente como está sendo o Papa Francisco.

Por sua vez, o próprio Papa vem demonstrando uma intenção de colocar a serviço de toda a Igreja valores que são próprios da Igreja da América Latina.

Esta empreitada do Papa Francisco, de valorizar a caminhada de nossa Igreja, se realiza em três frentes.

Em primeiro lugar, recorrendo à fecunda experiência eclesial da Conferência de Aparecida, realizada em 2007, onde o então Cardeal Bergoglio teve atuação destacada como coordenador da equipe de redação. Não é exagerado afirmar que a Conferência de Aparecida foi a experiência eclesial mais forte vivida pelo Cardeal Bergoglio antes de ser eleito Papa.

Não é por acaso que, vindo para o Rio de Janeiro para o encontro mundial com os jovens, o Papa Francisco fez questão de vir também para o Santuário de Aparecida, onde se realizou a Conferência. Vindo ao encontro dos jovens do mundo, ele quis encontrar também a jovem Igreja Latino-Americana, que agora é convidada a oferecer seu dinamismo juvenil, para que a Igreja retome vigor, especialmente lá onde ela parece mais extenuada pelo peso dos séculos.

Outra frente de valorização da Igreja da América Latina se constitui no empenho de superação de preconceitos e de temores, provenientes da maneira de fazer uma teologia que servisse de suporte para a caminhada pastoral, sobretudo das comunidades eclesiais.

É muito significativo o fato de o jornal oficial do Vaticano, o *L'Osservatore Romano*, ter publicado nestes dias diversos textos do famoso teólogo Gustavo Gutierrez, tido como fundador da "Teologia da Libertação". Durante muito tempo pairaram suspeitas sobre possíveis equívocos que esta teologia poderia suscitar. O fato pode agora ser tido como positivo, pois forçou os teólogos a uma dupla atenção para aprimorarem sua produção teológica, que finalmente passa a ser mais reconhecida pela própria Igreja.

Uma terceira frente, em favor da valorização do testemunho cristão e eclesial da América Latina, está na decisão do Papa Francisco de retomar o processo de canonização de Dom Oscar Romero, martirizado em 1980, no auge dos confrontos políticos e sociais existentes então em quase todos os países da América Latina.

Por pressões políticas, este processo de canonização tinha sido arquivado. Agora o Papa Francisco ordenou que fosse retomado com urgência.

São sinais dos tempos. A Igreja ganhou não só um Papa, vindo do "fim do mundo", como ele mesmo falou, e como na prática os europeus continuam olhando para nós. Mas o novo Papa traz consigo a rica caminhada da Igreja da América Latina, que ele deseja colocar ao alcance de todos.

# Ousadia ecumênica

(19 de maio de 2013)

Com o domingo de Pentecostes se conclui a semana de orações pela unidade dos cristãos. Entre nós, ela coincide com a preparação de Pentecostes. Na Europa, ela é celebrada na semana que precede a festa da conversão de São Paulo, a 25 de janeiro.

Sempre é bom lembrar que foi no contexto desta "semana de orações pela unidade dos cristãos" que João XXIII lançou a ideia do Concílio, em 25 de janeiro de 1959. Desde o início, o Concílio esteve ligado ao ecumenismo.

De fato, foi a causa ecumênica que proporcionou o ambiente de pronta acolhida à iniciativa de João XXIII. Tanto que no começo a versão que se difundiu era que o Concílio iria realizar uma ampla reunião dos representantes das diversas Igrejas Cristãs, com a finalidade de superar os desentendimentos acontecidos no passado e propor um caminho de plena reconciliação.

O povo se entusiasmou, achando que o Concílio iria refazer a unidade entre os cristãos.

Para segurar este entusiasmo ecumênico, João XXIII sentiu a necessidade de fazer alguns esclarecimentos. Mesmo que suscitado pela causa ecumênica, o Concílio seria realizado pela Igreja Católica, como caminho prévio para aplainar a estrada do diálogo entre as Igrejas, identificando os passos que precisavam ser dados para a lenta aproximação entre os cristãos.

Com isso, cresceu a consciência da gravidade das divisões acontecidas e da complexidade de sua superação. Mesmo convidando "observadores" de outras Igrejas, o Concílio se realizaria no âmbito da Igreja Católica. Mas ele seria "ecumênico" não só por sua índole de abertura para a dimensão universal dos assuntos a serem tratados, mas também no sentido mais restrito da palavra, fazendo da preocupação com a unidade dos cristãos a referência permanente para todos os assuntos a serem tratados.

Assim, o sonho da plena reunificação dos cristãos ficaria para depois do Concílio, como fruto de iniciativas a serem levadas em frente, de acordo com as orientações aprovadas pelo Concílio e consignadas no documento *Unitatis Redintegratio*, o decreto sobre a prática do ecumenismo.

Olhando o Concílio à distância de 50 anos de sua realização, é forçoso constatar que os avanços ecumênicos foram muito lentos. Houve passos positivos de aproximação com os luteranos, expressos na declaração conjunta, mostrando que não existem diferenças em torno da tese central de Lutero, sobre a justificação. Daria para dizer que os impasses doutrinais entre católicos e luteranos estariam superados. O que não significa dizer que já foram analisadas as questões práticas de uma eventual reconciliação entre católicos e luteranos.

Com o mundo ortodoxo, houve gestos muito fecundos, que produziram mudanças significativas no clima do relacionamento entre as duas grandes tradições eclesiais do cristianismo, a "Igreja do Oriente" e a "Igreja do Ocidente". Ainda permanece no horizonte do clima ecumênico do Concílio o abraço de paz entre o Patriarca Atenágoras de Constantinopla e o Papa VI, retirando a "excomunhão mútua", acontecida no longínquo ano de 1054.

Diante do esfacelamento eclesial hoje existente, com o proliferar de tantas denominações cristãs, parece sempre mais clara e mais urgente a responsabilidade de católicos e ortodoxos refazerem sua plena comunhão eclesial, para juntos testemunharem o tesouro da fé que Cristo confiou aos seus discípulos.

O fato é que o Concílio recebeu do movimento ecumênico o impulso para a sua realização. Agora, para levar em frente a sua implementação, se faz necessária a retomada do ecumenismo, com maior ímpeto e mais ousadia.

Nestes dias, o Patriarca Teodoro II, dos Ortodoxos Coptas do Egito, visitou o Papa Francisco, demonstrando grande disposição para a plena reconciliação entre as duas Igrejas.

Como falou o etíope ao Diácono Felipe: "temos aqui água, o que me impede de ser batizado" (Atos 8,37), poderíamos dizer a Francisco e a Teodoro: "o mundo está necessitado, os cristãos estão esperando, o que falta para a completa reconciliação?".

# Religiões

(27 de outubro de 2013)

Ainda no contexto de outubro, mês missionário, precisamos incluir em nossas intenções missionárias as grandes religiões do mundo. Pois agora, a partir do Concílio Vaticano II, somos desafiados a ter um olhar diferente sobre as grandes religiões, reconhecendo nelas muitos valores positivos, nos quais dá para perceber a atuação do Espírito Santo que está sempre pronto a vir em auxílio de quem busca com sinceridade os caminhos que levam para Deus.

Diz textualmente o Concílio, no seu documento *Nostra Aetate*: "A Igreja Católica nada rejeita do que há de verdadeiro e santo nestas religiões". E acrescenta: "Exorta por isto seus filhos que, com prudência e amor, através do diálogo e da colaboração com os seguidores de outras religiões, testemunhando sempre a fé e a vida cristãs, reconheçam, mantenham e desenvolvam os bens espirituais e morais, como também os valores socioculturais que entre eles se encontram".

É bom termos um mapa aproximado dessas grandes religiões no mundo.

Algumas delas têm suas raízes na cultura asiática, a mais antiga do mundo, com suas tradições milenares. Duas delas emergem com força no contexto da Ásia: o budismo e o hinduísmo, ambas originárias da Índia. Sendo que o budismo se propagou mais nos países orientais da Ásia, especialmente na China e no Japão.

Outras duas grandes religiões têm sua origem no Oriente Médio: o judaísmo e o islã, a religião dos muçulmanos. Por diversos motivos a Igreja se sente mais próxima e mais ligada a estas duas grandes religiões, o judaísmo e o islamismo.

A partir do Concílio, a Igreja assumiu uma postura de mais respeito, superando hostilidades que possam ter havido na história e propondo um diálogo que possibilite uma progressiva aproximação com as grandes tradições religiosas.

O relacionamento com os judeus melhorou muito, sobretudo a partir da decisão tomada por João XXIII, de modificar a prece pelos judeus na liturgia da Semana Santa. Antes, a formulação desta prece chegava a ser ofensiva, pois se referia a eles como "pérfidos judeus".

Com eles existe agora um clima de respeito, que é fortalecido por atitudes simbólicas. Diversas vezes o Papa foi visitar sinagoga dos judeus em Roma. João Paulo II chamou os judeus de "nossos irmãos maiores".

O Concílio falou de maneira muito respeitosa a respeito dos muçulmanos. O seu livro sagrado apresenta Cristo como um profeta, e fala de Maria de maneira muito respeitosa.

Portanto, haveria muitas coincidências no nível de fé, entre a religião fundada por Maomé e a nossa religião cristã. Mas infelizmente, na história, o relacionamento com os muçulmanos foi marcado por guerras religiosas e incompreensões mútuas, cujas consequências ainda não foram assimiladas.

Entre os muçulmanos, ao lado de correntes fundamentalistas que ainda propagam a "guerra santa" contra os cristãos, existem grupos moderados e profundamente religiosos, com os quais é possível manter um diálogo construtivo.

271

Palavras que permanecem

Todas estas dificuldades de aproximação e de entendimento deveriam mostrar aos cristãos a urgente necessidade de reconciliação entre nós, superando nossas divisões internas, como cristãos, que infelizmente ainda existem. Foi o próprio Jesus que falou: "Que todos sejam um, para que o mundo creia".

Assim como a missão abre o caminho para a renovação da Igreja, também a aproximação com as grandes religiões não cristãs se transforma em apelo para a unidade dos cristãos!

# Teologia: a necessária reflexão

### (28 de outubro de 2012)

Foi surpreendente a participação no Congresso Teológico Continental, realizado nas dependências da Unisinos, em São Leopoldo, no Rio Grande do Sul. A expectativa era de trezentos participantes. Mas o número chegou a 750, e não foi maior por motivo de espaço no salão das conferências.

Foram cinco dias intensos, com programação para cada dia, alternando grandes conferências de manhã e de noite, com oficinas temáticas, painéis diversos e apresentação de trabalhos teológicos na parte da tarde. Todas as atividades sempre precedidas de momentos de espiritualidade, que aconteciam também nas celebrações litúrgicas em horários antecipados.

Um clima de grande interesse, de atenção às temáticas apresentadas e de esforço de captar bem a caminhada feita por beneméritos teólogos e teólogas da América Latina, sobretudo a partir do processo de renovação conciliar, que encontrou por aqui uma generosa acolhida, mesmo em meio a contrariedades que acabaram caracterizando não só a renovação eclesial, mas também uma teologia própria, que procurou acompanhar e dar respaldo à caminhada eclesial em nosso continente.

As datas simbólicas que motivaram a realização deste Congresso Continental situavam bem o processo de caminhada conjunta, entre renovação eclesial e reflexão teológica. O Congresso se situou na marca dos 50 anos da abertura do Concílio Vaticano II e dos 40 anos da publicação do livro do Pe. Gustavo Gutiérrez, *Teologia da Libertação*, que acabou dando nome à teologia latino-americana que procurou "dar as razões da esperança" deste Continente.

Olhando com serenidade este processo de busca de sintonia entre vivência eclesial e reflexão teológica, chega-se a uma constatação simples, mas profunda. Toda caminhada eclesial necessita do respaldo de um processo de reflexão, que ofereça referências consistentes e motivações autênticas. Toda caminhada própria de Igreja requer uma teologia própria, que dê razões adequadas para as situações que interpelam a fé e pedem o suporte da razão.

Assim dá para dizer que fazia o Cristo de acordo com os relatos do Evangelho. Com frequência ele explicava em particular as parábolas aos seus discípulos, ou se retirava à parte com eles, instruindo-os melhor a respeito do Reino.

Assim fizeram Paulo e Barnabé, quando se detiveram um ano inteiro com a comunidade de Antioquia, dando fundamento consistente à incipiente vida eclesial, que em seguida se tornaria ponto de partida para a missão no império romano.

Assim fizeram nos primeiros séculos da Igreja aqueles que hoje chamamos de "santos padres", que sentiram a necessidade de respaldar a fé cristã, a qual estava tomando forma explícita, com o suporte da razão.

Daí resultaram os primeiros grandes tratados de teologia. É bom conhecê-los, não só porque iluminam ainda hoje nossa fé, mas para nos incentivar a fazer como eles fizeram: à medida que percorremos novos caminhos e enfrentamos novas dificuldades, precisamos refletir, colocando em ação a capacidade humana que Deus nos deu para pensar e, desta maneira, fazer brilhar melhor a fé, que continua iluminando também as realidades próprias de nosso continente.

A urgência de pensar a fé, a partir de nossa realidade, à luz da Palavra de Deus, em comunhão eclesial, foi certamente um recado precioso deste grande Congresso Teológico.

Neste contexto soam bem as palavras de João Paulo II, em carta dirigida à CNBB, em abril de 1986, afirmando bem claramente que "a teologia da libertação é não só oportuna, mas útil e necessária".

# Diálogo inter-religioso

(26 de maio de 2013)

Para nós cristãos, festejar a Santíssima Trindade é celebrar a verdade maior que Deus se dignou revelar. Quem poderia imaginar que a realidade do Deus Único e Verdadeiro comportasse em si mesma um mistério de plena comunhão, no relacionamento mútuo e dinâmico entre Três Pessoas com uma "mesma natureza e igual dignidade"!

Ao mesmo tempo que acolhemos a revelação de um Deus que se mostra Uno e Trino, nos damos conta de que esta revelação é para nos garantir que somos acolhidos em seu mistério, pois ele nos insere em sua dinâmica de mútuo relacionamento. Deus se revelou não para exibir sua realidade que nos ultrapassa de longe, mas para nos associar ao seu próprio mistério de amor.

Como os teólogos nos ajudam a compreender, Deus foi se revelando a si mesmo, à medida que ia realizando nossa salvação, nos envolvendo em sua realidade, tornando-nos participantes do seu mistério, por pura bondade sua e pela exuberância de sua misericórdia.

Deus se revelou, portanto, não exibir seus predicados divinos, ou para satisfazer nossa curiosidade, e permanecermos alheios ao seu mistério. Mas, ao contrário, ele se mostrou para nos envolver em sua vida e participarmos do seu mistério.

276

Dentre as grandes religiões, o cristianismo é a única que professa a fé na Trindade de Pessoas existentes num único Deus. Este é nosso privilégio de cristãos. Ao mesmo tempo, este privilégio nos incumbe de uma grande missão: testemunhar que Deus nos envolve em sua realidade, de tal modo que nos sentimos atraídos pelo Pai, identificados com o Filho e animados pelo seu Espírito de amor.

Assim como a revelação foi se desdobrando à medida que Deus ia operando nossa salvação, assim nossa fé na Trindade nos atribui a obrigação missionária de mostrar a todos quanto o mistério do Deus Uno e Trino ilumina nossa existência e nos motiva a sintonizar sempre mais nossa vida com as verdades que ele nos revelou a respeito de si mesmo.

Tempos atrás, participando de um simpósio sobre migrações, tive a oportunidade de conhecer um cineasta árabe, muito respeitoso de nossa fé cristã, mas muçulmano convicto, adepto da fé herdada de Maomé.

Com a serenidade de quem sintetizava sua fé na breve e densa fórmula do seu credo muçulmano: "Deus é Deus e Maomé é seu profeta", ele se permitia nos interpelar, alegando que nossa fé na divindade de Cristo se constitui num irremediável equívoco que redunda na negação da unicidade de Deus, que a fé muçulmana se acha no dever de enfatizar e testemunhar ao mundo inteiro.

Diante desta interpelação, percebemos o tamanho do desafio de promover o diálogo inter-religioso que o Concílio Vaticano II recomendou no precioso documento *Nostra Aetate*, que ainda permanece quase desconhecido.

A grande novidade deste documento é reconhecer que todas as religiões contêm elementos de verdade que precisam ser reconhecidos e que servem de bom pretexto para um diálogo aberto e respeitoso, no relacionamento inter-religioso.

"A Igreja Católica nada rejeita do que há de verdadeiro e santo nestas religiões", diz o documento do Concílio.

A busca do Deus verdadeiro é suscitada pelo Espírito de Deus em todas as religiões. É significativo que São Paulo foi buscar "nos vossos poetas" – referindo-se aos gregos que estavam na acrópole de Atenas – a surpreendente afirmação a respeito de Deus: "Nele nos movemos, existimos e somos", e acrescenta: "Como disseram alguns dentre os vossos poetas".

Portanto, se nós cristãos somos agora intimados a cultivar um diálogo construtivo com membros de outras religiões, não será simplesmente para ensinar a eles, mas também para aprender. Como fez São Paulo no areópago de Atenas.

# Alargar os horizontes

(08 de junho de 2014)

Causou surpresa o compromisso assumido em Jerusalém, entre o Papa Francisco e o Patriarca Bartolomeu, de se encontrarem em Niceia, no ano de 2025!

Para dois quase octogenários, fazer planos para além de dez anos seria no mínimo arriscado, se não estivessem falando em nome das instituições que representam. No caso, a Igreja Católica e a Igreja Ortodoxa.

Marcando encontro na cidade de Niceia, onde se deu há mil e setecentos anos atrás o primeiro Concílio Ecumênico, eles explicitaram a dimensão histórica da Igreja, indispensável para dimensionar sua consistência.

A Igreja traz a marca de dois milênios. Ela não é de ontem nem de anteontem. O componente histórico é imprescindível para avaliar seu estado atual.

A constatação de que a Igreja tem um passado lhe dá garantia de ter um futuro.

Por mais conturbado que tenha sido o passado, seu valor pode ser recuperado, para ajudar a superar os impasses que o presente coloca.

Ao pensarem no ano de 2025, o Papa e o Patriarca jogaram com a dimensão histórica e a colocaram a serviço de suas propostas de futuro.

Em 325 se realizou em Niceia o primeiro Concílio Ecumênico. Quem sabe em 2025, mil e setecentos anos depois, no mesmo local se poderá selar de vez a plena comunhão eclesial entre católicos e ortodoxos, para benefício de toda a cristandade.

Mas, se for necessário esperar mais um pouco, a história ajuda as demoras humanas.

Pela frente temos outra data simbólica. Foi em 1054 que as duas tradições eclesiais romperam oficialmente sua comunicação. Pois bem, se não ficar tudo resolvido em 2025, podemos aguardar o 2054! Quem tem uma longa história, pode se valer de sua trajetória.

Mas, além das demoras, existem as urgências. Elas também estiveram presentes no encontro dos dois ilustres personagens. As demoras eclesiais podem até continuar, sem grandes prejuízos, mas as urgências da paz não podem protelar as soluções.

O Papa Francisco pediu que seja retomado o diálogo entre palestinos e israelenses, e que todos colaborem para fazer cessar a guerra civil na Síria.

Em vista da urgência destas conversações, tomou a decisão pessoal de oferecer o Vaticano como mesa de negociação. A proposta foi aceita e todos agora aguardam sua efetivação, pois, caso demore, ela perde viabilidade. Aqui, a história não aconselha demoras, ao contrário, ela pede urgência.

O grande ganho da visita é este fato novo, da mediação aceita por ambas as partes, sob o patrocínio deste Papa que está se revelando um personagem de grande aceitação mundial.

Na mesma perspectiva de datas importantes que temos pela frente, vai emergindo o ano de 2017 como particularmente significativo, sobretudo para o contexto religioso.

Em 2017 se completam 500 anos do início da Reforma Protestante. E no Brasil se completam 300 anos do encontro da imagem de Nossa Senhora Aparecida nas águas do Rio Paraíba.

Dois fatos que certamente têm apelos fortes, embora em âmbitos bem diferentes. Caberá à sabedoria pastoral integrar bem as duas referências e valorizá-las como boa motivação para que sejam dados passos positivos no avanço da causa ecumênica entre as Igrejas cristãs.

# André e Pedro

(02 de dezembro de 2012)

No final de novembro, o calendário coloca a festa de Santo André no dia 30. Santo André é o padroeiro da Igreja Ortodoxa. O interessante é saber por que os ortodoxos insistem tanto em terem Santo André como padroeiro. Através dele, na verdade, querem afirmar uma espécie de "primado", que Roma invoca para si mesma com tanta autoridade e desenvoltura histórica.

Por Santo André, os ortodoxos também advogam o seu "primado", ao menos simbólico. E por quê? Aí entra a caprichosa interpretação que fazem do Evangelho, encontrando em André um motivo para se julgarem mais importantes do que a Igreja Latina. Ao menos num ponto!

Acontece que o Evangelho de João, bem no seu início, narrando como Jesus recrutou seus primeiros discípulos, observa que André era um deles.

Aí vem o lance apreciado pelos ortodoxos, e saboreado como um bom pretexto para reivindicarem uma espécie de "prioridade eclesial", que seria patrimônio dos ortodoxos, ao escolherem André como seu padroeiro.

Acontece que André, depois de ter sido convidado por Jesus, no dia seguinte, foi falar com seu irmão Pedro, dizendo-lhe: "Encontramos o Messias". E levou Pedro ao encontro do Mestre.

Pronto! Foi André quem levou Pedro ao encontro de Jesus!

Dando a esta constatação um caráter eclesial, como se pode fazer com todos os episódios do Evangelho, os ortodoxos simplesmente insinuam que sua Igreja tem uma espécie de missão permanente de indicar para todas as outras o caminho certo para ir ao encontro do Messias verdadeiro.

Certamente não faz mal que os ortodoxos aumentem sua autoestima através do seu importante padroeiro Santo André. Ainda mais no confronto com a Igreja Latina, que invoca São Pedro como padroeiro e desse fato faz derivar tantas afirmações de sua importância eclesial.

Este episódio todo não deixa, contudo, de intrigar, quando confrontado verdadeiramente com o Evangelho.

Esta disputa para ver quem seria o primeiro esteve muitas vezes na mira de Cristo, que tanto advertiu os discípulos para não ficarem discutindo qual deles seria o maior, ou estaria à sua direita.

Ao contrário disso, Jesus insistiu para que os discípulos deixassem estas disputas de lado. "Entre vós não seja assim!", dizia ele, quando percebia que seus discípulos ainda discutiam entre si a propósito de inúteis precedências.

Para as Igrejas, a disputa de poder continua sendo uma tentação permanente. Toda organização humana, que as Igrejas também precisam ter, enseja a oportunidade de carreira pelo poder ou de disputa por honrarias. Inclusive, a propósito de viver o Evangelho de Cristo, a instituição eclesial vai descobrindo mecanismos de centralização do poder, que se tornam sofisticados e profundamente arraigados, a ponto de resistirem a toda tentativa de retorno à simplicidade evangélica. Pois seria tão importante o testemunho de serviço desinteressado a dar para a sociedade e a praticar, sobretudo, nos relacionamentos intraeclesiais!

Certamente, se Santo André falasse, e São Pedro também, diriam ainda hoje para todas as Igrejas: "Entre vós não seja assim!".

A bem da verdade, muitos zombariam destas piedosas recomendações de Cristo, como zombam, por exemplo, do famoso "pacto das catacumbas", que no final do Concílio quarenta bispos assinaram, comprometendo-se a abandonar toda expressão episcopal de poder e de privilégios, para retornar à simplicidade evangélica que Cristo continua nos ensinando.

# O horizonte da missão

(20 de outubro de 2013)

Em pleno mês missionário, temos neste dia 20 o Domingo das Missões, junto com o Dia da Infância Missionária. Tudo para destacar a importância da dimensão missionária da Igreja. O destaque deste ano é dado, de novo, por uma insistência do Papa Francisco. Ele propõe inverter na prática as prioridades. Olhando racionalmente, não haveria dúvida em constatar que, eclesialmente, primeiro vem a comunhão, depois a missão. Primeiro o chamado, depois o envio. Primeiro somos discípulos, depois nos tornamos missionários.

Mas se conferimos mais de perto a dinâmica da vida cristã e eclesial, percebemos uma espécie de inversão operacional. A missão desencadeia um dinamismo que acaba incidindo sobre a própria Igreja. Ela passa a se regular em vista da missão que ela tem a cumprir.

Daí a insistência do Papa. É a missão que vai desencadear e sustentar o processo de renovação eclesial. É retomando a missão que a Igreja vai reencontrar sua própria identidade.

É por este prisma que o Papa Francisco avalia o que aconteceu na Conferência de Aparecida. Ela se diferencia das outras Conferências já acontecidas, em Medellín, Puebla e Santo Domingo. As outras culminaram num texto, com sua riqueza de conteúdo, mas também com seu risco de esquecimento. Ao passo que em Aparecida o desfecho foi outro. Ficou relativizado o texto, tanto que havia a hipótese de nem redigir texto algum. Mas ficou ressaltado o compromisso com a missão, como foco a ser conferido de maneira dinâmica e permanente. A Conferência de Aparecida, de fato, convergiu para, no seu final, lançar o desafio da "missão continental".

Não estava ainda claro o alcance e a fisionomia que poderiam ter a tal de "missão continental". E ainda não está. Mas o fato é que Aparecida indicou para a Igreja o caminho certo para a sua constante renovação: é o caminho da missão.

Quando colocamos a missão como nossa motivação, entramos na área de competência da graça de Deus. Se é "em nome do Senhor" que nos propomos a agir, é porque nos sentimos a serviço da causa do Senhor. Em consequência nos colocamos na dependência da eficácia de sua graça.

Na história houve, certamente, alguns equívocos sérios em torno da Evangelização. Dá para fazer uma importante constatação: quando a Igreja fez da evangelização uma "conquista", impondo sobre os povos um domínio cultural e político, ela confiou no seu poderio humano, e não na força libertadora do Evangelho. Assim fazendo, ela não anunciou o Evangelho livremente, como São Paulo. Mas cobrou uma pesada conta, nem tanto em benefícios que ela recebeu, mas no prejuízo que ela provocou nos povos, a quem ela anunciou um "evangelho" deformado pela submissão exigida dos povos "conquistados".

Quando a Igreja não se deixa converter pelo Evangelho que ela prega, acaba pervertendo a si mesma e aos povos por ela "submetidos" a um evangelho deturpado.

É diante da missão que a Igreja experimenta a absoluta necessidade de continuar se convertendo. Assim, a missão, voltada para fora da Igreja, acaba se voltando para a própria Igreja, que se torna, também ela, destinatária do Evangelho de Cristo.

De tal modo que, na Igreja, o chamado vem sempre ligado ao envio, a comunhão é sempre vinculada à missão. Assim a Igreja é sempre estimulada a levar aos outros o que ela mesma vive.

O Evangelho anunciado precisa ser um Evangelho vivido.

# O peso dos séculos

(01 de junho de 2014)

Desta vez, quando o Papa concluiu sua viagem, o alívio foi geral, pois ele tinha se aproximado de situações muito tensas, que há décadas caracterizam aquela região, onde entram em conflito tantos interesses contraditórios, entre judeus e árabes, palestinos e israelenses, entre cristãos e muçulmanos, só para citar alguns pontos de tensão naquela conturbada região do Oriente Médio. Junto com o alívio, o Papa trazia de volta muitas esperanças de aproximação e mesmo de conciliação. Pode ser que a maleta preta, que ele fez questão de levar consigo, como tinha feito no Rio de Janeiro, tenha ido vazia, mas estava voltando bem carregada, ao menos de promessas, se não de resultados concretos.

Esta viagem ainda está dentro do intento de caracterizar o pontificado do Papa Francisco. Foi um teste, sobretudo, de diplomacia. Ele superou este teste com galhardia. Para admiração de todos, ele se mostrou atento às conveniências diplomáticas, mas ao mesmo tempo se permitiu expressar com clareza e segurança suas ponderações de ordem religiosa, como também seu parecer a respeito da complexa realidade política que envolve todos os países daquela região.

Com esta viagem, sem dúvida, o Papa Francisco ampliou sua figura de estadista. Tanto mais poderá colocar agora sua influência a serviço da pacificação no Oriente Médio.

O motivo alegado para sua viagem era fazer uma peregrinação religiosa à "Terra Santa". Mas sua presença se constituía em evidente fato político, com seus inerentes desdobramentos.

A circunstância que ofereceu a oportunidade desta viagem foi celebrar os 50 anos do histórico encontro entre o Papa Paulo VI e o Patriarca Atenágoras, de Constantinopla.

Aquele encontro, em 1964, foi muito importante. Pela primeira vez, depois de quase mil anos de separação, encontravam-se o representante da Igreja Católica e o representante das diversas Igrejas Ortodoxas, na pessoa do Papa Paulo VI e na pessoa do Patriarca Atenágoras de Constantinopla. Como gesto simbólico, daquela vez, foram retirados os decretos de excomunhão mútua, que em 1054 tinham se dado. Agora, 50 anos depois, poderíamos pensar que o encontro entre o Papa Francisco e o Patriarca Bartolomeu concluísse de vez a reconciliação entre as duas mais antigas tradições eclesiais, e católicos e ortodoxos poderiam se sentir, de novo, em plena comunhão.

Mas não foi isso que aconteceu. Foram fortalecidos, sim, os laços de amizade, mas não foram removidos todos os obstáculos. Ainda existem muitos preconceitos, consolidados ao longo de séculos. Não se desfaz em poucos anos o que foi construído ao longo de um milênio.

E não adiantaria fazer uma conciliação só no nível dos dirigentes das Igrejas sem envolver as bases. Nem é o caso de simplificar as posições teológicas, reduzindo o credo a uma síntese aceitável por ambas as partes. O ecumenismo é um caminho árduo que requer a conversão dos corações, um grande esforço de diálogo e uma abertura para acolher a diversidade, sem perder a unidade eclesial.

Agora que o Papa Francisco está disposto a retomar o impulso renovador da Igreja Católica, certamente ele se deu conta de que nossos desejos às vezes demoram séculos para se concretizar. Neste contexto conciliar, a vontade de mudanças com a lentidão da história supõe fazer opções estratégicas, como quem lança a semente de uma grande árvore. Ela tem mais garantia de continuidade. O que demora a brotar tem mais segurança de sobreviver.

# Passado e presente

(18 de março de 2012)

Dizia o escritor Alceu Amoroso Lima: "O passado não é tanto o que passou, mas o que ficou".

Aplicando esta sentença ao Concílio Vaticano II, diminui a inquietação de saber se ele ainda é do presente ou se já pertence ao passado. Pois o que de fato importa dos acontecimentos é o que deles ficou.

Poderíamos ir elencando tantas heranças positivas deste grande Concílio, realizado há cinquenta anos atrás. Basta conferir como era a situação da Igreja antes do Concílio para perceber como ele proporcionou mudanças muito significativas, e que ainda permanecem.

Um fato pitoresco, mas que não deixa de sinalizar as profundas mudanças efetivadas pelo Concílio, era a maneira como os bispos reunidos em Concílio celebravam a Eucaristia. Não havia ainda a "concelebração", que possibilita todos participarem da mesma Eucaristia. Cada um celebrava a sua missa. E cada um precisava garantir ao menos um sacristão que servisse de "ajudante" da missa. A solução era simples: quem celebrasse primeiro, servia depois de sacristão para o outro. No subsolo da grande casa de encontros onde os bispos brasileiros estavam hospedados, havia dezenas de pequenos altares, onde em cada madrugada começava o revezamento das missas, onde todos se sentiam "celebrantes e ajudantes", mas não "concelebrantes"! Fato semelhante acontecia diariamente no início dos trabalhos conciliares. A sessão sempre iniciava-se com a missa, celebrada por um dos bispos. Portanto, não "concelebrada" por todos. Os bispos "assistiam" à missa que um deles celebrava!

Isto acabou sendo um fator positivo para os bispos se darem conta de quantas coisas da liturgia precisavam ser renovadas.

Na semana passada tive a oportunidade de dialogar com diversas turmas de agentes de pastoral em São Luís do Maranhão e em Belém do Pará. Foi surpreendente o interesse demonstrado pelo Concílio, na medida em que se recuperava a memória dos fatos que compuseram o cenário de sua realização. Isso mostra como o Concílio ainda tem uma mensagem muito atual e positiva a transmitir para animar a caminhada de renovação eclesial que o Concílio impulsionou e que agora devemos levar adiante.

Por outro lado, é fácil também constatar que depois de cinquenta anos o Concílio é visto por muitas pessoas como um fato passado, sem nenhum nexo com a realidade de hoje. Por falta de informação, por esquecimento ou por desinteresse, passa-se ao largo deste que foi com certeza o maior acontecimento da Igreja no século XX.

Em todo caso, parece-me que está dado o desafio. No dia 11 de outubro vão se completar 50 anos da abertura oficial do Concílio. Como ele durou quatro anos, teremos pela frente também agora quatro anos para "revisitar o Concílio".

O que importa não é tanto relembrar episódios que já pertencem ao passado, mas reencontrar heranças positivas deixadas pelo Concílio, junto com novos desafios, que podem nos estimular a prosseguir na grande tarefa de renovação eclesial, proposta por este grande Concílio.

Permanece atual a avaliação feita por João Paulo II, por ocasião da passagem do milênio: "Sinto ainda mais intensamente o dever de indicar o Concílio como a grande graça que beneficiou a Igreja no século XX: nele se encontra uma bússola segura para nos orientar no caminho do século que começa".

# Mudança de estação

(16 de fevereiro de 2014)

A seca e o calor destes dias, em todo o Brasil, nos fazem experimentar de maneira mais intensa o fenômeno natural da mudança de estação. Às vezes o contraste impressiona. A natureza sabe nos surpreender. E, de um momento para outro, da angústia se passa para o alívio.

Quando finalmente aparece a estação das chuvas, a natureza reencontra suas energias e se abrem novas possibilidades de lançar as sementes.

O que se passa na natureza pode acontecer com a Igreja, pode acontecer com a sociedade. Precisamos estar atentos à "propícia estação".

Nestes dias está se completando um ano da renúncia do Papa Bento XVI e da eleição do Papa Francisco.

Se acionamos a memória e olhamos o que se passou neste ano, nos damos conta da intensidade dos acontecimentos e da força que os aglutina, como frutos de uma inesperada primavera eclesial.

Basta recordar o impacto positivo provocado pela renúncia de Bento XVI e, sobretudo, a repercussão que teve a eleição do Papa Francisco, com seus gestos iniciais, carregados de simbolismo, sinalizando a retomada do impulso renovador desencadeado pelo

Concílio, mas que vinha perdendo força à medida das dificuldades de sua implementação.

De fato, dá para dizer que começou uma nova estação para a Igreja. Sobretudo pela figura, pela força moral e pelo testemunho do Papa Francisco. Ele teve a grande intuição de relançar o projeto de renovação da Igreja, levando em conta o esforço já feito, mas contando sobretudo com os ventos favoráveis do momento que a Igreja passou a viver, a partir da inesperada renúncia do Papa Bento e também da inesperada eleição do Papa Francisco.

Como acontece com a natureza, a força de renovação brota de dentro, mas a colheita depende muito do que o agricultor semear no tempo oportuno, favorecido pelas circunstâncias, no clima propício de nova estação.

Já passou um ano deste novo ciclo que a Igreja vem vivendo. Aguardam-se para este segundo ano algumas iniciativas de ordem mais estrutural. Elas servirão de alento para mudanças mais significativas da organização da Igreja, visando incentivar sua missão de ser portadora da mensagem evangélica para todas as pessoas, em qualquer situação que se encontrem.

Comparando agora com a situação da sociedade, parece haver um claro contraste. Cabe à sabedoria política orquestrar os acontecimentos, de tal modo que se valorize o que existe de positivo e se coíba o que prejudica o bem comum.

O que não se pode é deixar que as coisas aconteçam para depois correr atrás do prejuízo. Como na agricultura: se deixamos a natureza por conta própria, o inço acaba tomando conta de tudo.

Como nação brasileira, nesta época de grandes possibilidades de crescimento com maior justiça social, somos chamados a ser bons agricultores. Vamos cuidar das boas sementes e neutralizar o inço daninho.

Vamos assumir os valores, vamos coibir os abusos. Não vamos permitir que se transforme em inverno a primavera que recém começou.

# Pressa e preguiça

(17 de junho de 2012)

Participando de diversos momentos de reflexão sobre o Concílio Ecumênico, neste ano em que se comemora o seu jubileu de ouro, tenho não só a alegria de ver tanta gente interessada no assunto, mas também a satisfação do reencontro com tantos amigos, como aconteceu nesta semana em Porto Alegre e em Caxias do Sul. Agradeço o convite para estar presente no Simpósio Teológico, promovido pela PUC em Porto Alegre, e na Semana Teológica de Caxias do Sul.

Diante do auditório repleto, era visível a satisfação de Dom Paulo Moretto, bispo emérito de Caxias do Sul. Suas breves intervenções foram mais do que oportunas.

Antes mesmo de começar a sessão, vendo tanta gente chegando para a palestra, Dom Paulo Moretto expressou sua análise, com sua costumeira sabedoria, acompanhada de saboroso bom humor.

Alertou que os tempos estão mudando. E muita gente está voltando a buscar novas motivações, percebendo o valor de cultivar uma sadia espiritualidade, com reflexos positivos na subjetividade das pessoas, que assim se sentem mais fortalecidas em sua própria identidade.

Foi aí que Dom Moretto temperou sua análise com seu apurado senso de humor. Observou ele que, tempos atrás, a preguiça era considerada "pecado capital", pois favorecia o desdobramento de outros pecados, em decorrência de sua maldade, que era preciso combater.

Agora, a preguiça deixou de ser pecado capital e passou esta condição para a pressa. Pois, no contexto de pós-modernidade em que nos encontramos, todo mundo vive sempre com pressa, atropelado por tantas coisas a fazer. Não sobra tempo para mais nada. E todos acham que o requisito da felicidade é dar conta de todas as solicitações agendadas. Com isso, o que antes parecia virtude, traduzida em laboriosidade, acabou se tornando vício, pela obsessão de fazer sempre mais, para ter mais e acabar se iludindo mais!

E o que antes parecia vício, traduzido em ócio, em decorrência da preguiça, agora começa a despontar como virtude, de quem relativiza o fazer para refletir e assimilar melhor os verdadeiros valores que a vida apresenta.

Dessa maneira, a preguiça teria passado sua condição de pecado capital para a pressa! A pressa de ganhar mais do que os outros, de passar os outros para trás, de gastar a vida buscando coisas que em vez de ajudar acabam prejudicando a verdadeira realização das pessoas.

Em todo caso, não só pelo bom humor de Dom Moretto, mas também pelo grande interesse suscitado pela memória do Concílio, parece que vai se firmando um novo fenômeno promissor de busca de espiritualidade, fundada sobre uma vivência mais consciente dos valores humanos e cristãos.

Não precisamos estigmatizar nem a preguiça nem a pressa, contanto que saibamos colocar nosso empenho pessoal em fazer o que mais nos identifica e nos realiza, que é o desafio de acolher dentro de nós a dimensão do mistério da vida, como somos capazes de fazer. Contanto que empenhemos nisto o melhor dos nossos esforços. Pois cultivar uma verdadeira espiritualidade é mais desafiador e mais complicado do que preencher nossa vida fazendo coisas que em nada nos qualificam.

Assim, nem preguiça nem pressa exagerada! Mas o equilíbrio de quem descobriu o verdadeiro sentido da vida!

# O Papa em destaque

# A renúncia do Papa

## (17 de fevereiro de 2013)

A surpresa foi total e se espalhou logo por todo o mundo: no dia 11 de fevereiro deste ano de 2013, o Papa Bento XVI anunciou sua renúncia, marcando dia e hora para entregar o cargo, às 20 horas do dia 28 deste mês de fevereiro. Tudo bem pensado, decidido e agendado. Uma decisão tomada no íntimo de sua consciência, mas anunciada a todos de maneira súbita e inesperada.

Agora, rapidamente, a surpresa passa a fato consumado. A Igreja vive uma situação inédita, com inesperado potencial de consequências.

Em primeiro lugar, fica muito ressaltada a nobreza do gesto, que angariou um grande respeito pela figura de Bento XVI.

Com sua decisão, e da maneira como ele a anunciou, mostrou admirável desprendimento pessoal e grande senso de responsabilidade.

Além disso, pela natureza do fato, o Papa demonstrou pleno uso de suas faculdades, deixando a todos a certeza de que agiu com plena consciência e com perfeita liberdade, sem nenhuma pressão externa. Ele fez questão de deixar a certeza de sua perfeita capacidade de pensar e de decidir livremente.

O gesto, com certeza, tem um peso moral muito grande, pela demonstração de desprendimento do poder, de humildade e de senso de serviço com que ele exerceu este cargo tão importante no contexto da Igreja.

Ele podia ter efetivado a renúncia de imediato, retirando-se subitamente. Mas não! Ele quis garantir um tempo adequado para as providências a serem tomadas em vista, sobretudo, do processo de escolha do novo Papa. Por este gesto Bento XVI ficará na história. Será sua maior contribuição à Igreja.

Marcando um dia para efetivar sua renúncia, Bento XVI sinaliza o ritmo para os encaminhamentos a serem dados. Com isso fica aberta a questão da influência que Bento XVI poderá exercer no processo de sua sucessão. Pois esta é uma situação completamente nova na história recente da Igreja. Nunca se fez um conclave contando com a figura de um "Papa emérito", para evocar a situação mais parecida que se vive hoje na Igreja, com a existência de tantos "bispos eméritos".

A interrogação aumenta quando nos perguntamos como será empregado pelos cardeais este tempo prévio, de quase vinte dias, antes de serem desencadeados os preparativos do conclave. Pois o clima eleitoral já se instalou, com o grande interesse que ele suscita. De fato, vamos viver uma situação que não encontra similar na história da Igreja. E isto poderá proporcionar condições bem diferentes para o novo Papa que for eleito.

Outra curiosidade, fácil de comprovar, será a atividade de Bento XVI nesta fase de transição que já começou. Simbolicamente é interessante que ela coincida com a Quaresma. Com a perspectiva de sua próxima renúncia, poderia parecer que seus gestos e palavras agora não tivessem mais tanto significado, vindos de um Papa com seus dias contados. Mas, ao contrário, pela importância do seu gesto, e pela maneira como foi feito, Bento XVI se revestiu de grande autoridade moral, em vista sobretudo de ter criado um fato novo na Igreja, cujas consequências poderão também surpreender. Tudo isso reforça sua importância, como protagonista de uma situação inédita e como exemplo de abnegação pessoal e de serviço à Igreja. O gesto de sua renúncia se constitui na culminância do seu pontificado. Vale a pena acompanhar agora seus desdobramentos.

# A força de uma renúncia

## (24 de fevereiro de 2013)

Estamos chegando ao dia e hora marcados para a renúncia de Bento XVI. Na quinta-feira desta próxima semana, no dia 28 de fevereiro, às vinte horas de Roma, Bento XVI deixará a cátedra de Pedro, que ficará vacante, até que os cardeais elejam um novo Papa. Mesmo com a insistente divulgação do acontecimento, parece que a notícia ainda estaria esperando confirmação, dada a inusitada situação que dela decorreu. Mas aos poucos a inexorabilidade se impõe: é verdade, Bento XVI decidiu renunciar!

A surpresa maior, porém, não é produzida pelo inusitado da ocorrência, mas pelas circunstâncias pessoais do Papa, o verdadeiro protagonista deste acontecimento de tantas repercussões.

Ele revelou um grande desprendimento, não se prendendo às vantagens pessoais que o cargo lhe garantia.

Foi sereno, demonstrou plena consciência das repercussões do seu ato e fez questão de asseverar que agia livremente, depois de obtida a certeza pessoal da conveniência da decisão que tinha amadurecido no confronto de sua consciência com as responsabilidades assumidas ao ser eleito Papa.

Ele demonstrou, sobretudo, muita responsabilidade. Estabeleceu um prazo conveniente para a Igreja assimilar a nova situação, e ele próprio levar a bom termo todas as decorrências do seu ato.

Dando um prazo de 17 dias, desde o anúncio até a efetivação da renúncia, com a autoridade adquirida com seu gesto, sinalizou o ritmo razoável a ser observado em todas as providências a serem tomadas.

Em síntese, a renúncia do Papa se constituiu num precioso testemunho de coerência pessoal e um exemplo carregado de ensinamentos prudenciais, tão importantes no momento em que a humanidade vê crescer, exponencialmente, o número de idosos que precisam descobrir o bom senso, com a sabedoria de perceber o momento oportuno, a hora conveniente, a decisão acertada para sair de campo e deixar o lugar para que outros o ocupem com mais capacidade e eficiência.

Numa população que prolonga a vida, e que ocupa as vagas, é urgente a escola da renúncia! Ela não está fora de propósito.

Mas diante desta renúncia paradigmática do Papa, vale a pena perguntar-nos quando e como uma renúncia se constitui em decisão acertada, a ser efetivada com determinação.

Ficando no contexto próximo à renúncia do Papa, não é fora de propósito perguntar por que tantas renúncias de bispos produzem tão pouco impacto, quase nenhum efeito.

Fica posta a questão: quando é que uma renúncia é boa?

No exemplo do Papa encontramos logo algumas respostas: a renúncia precisa ser livre, não condicionada por determinações externas, serena, e realizada em momento oportuno, tanto para o renunciante como para os outros ligados a ele de alguma forma.

Não seria fora de propósito garantir um espaço maior para um bispo renunciar, deixando-o com a possibilidade de efetivar sua renúncia num contexto mais amplo e mais livre. Não impondo uma data obrigatória de referência de 75 anos. Poderia se deixar o espaço de cinco anos para que ao longo deles o bispo faça pessoalmente o discernimento do momento adequado para a sua renúncia.

Sempre lembrando que não é preciso esperar os 75 anos para renunciar. Pois, dependendo das circunstâncias, o testemunho do bispo que renuncia publicamente pode ser muito mais eficaz e produzir inesperados frutos, que costumam brotar de ânimos generosos, como mostrou Bento XVI.

Em todo caso, a renúncia sempre deveria comportar a possibilidade de viver com intensidade o que Jesus afirmou: "Ninguém tira a minha vida, eu a dou livremente".

# Sede vacante

## (03 de março de 2013)

Do dia 28 de fevereiro de 2013, quinta-feira, às vinte horas de Roma, a Igreja Católica está sem Papa. Efetivada a renúncia de Bento XVI, começa o período de "sede vacante". Está vago o cargo de Papa.

Tudo conforme ele mesmo tinha determinado no dia 11 de fevereiro, quando estabeleceu o dia e a hora exatos em que ele deixaria de exercer a missão de Papa.

De tal modo que toda a Igreja teve tempo de assimilar a notícia da inesperada decisão e contar com a segurança das disposições que entram logo em vigor quando vem a faltar o Papa.

Assim todos podemos ter segurança e serenidade, sabendo que estão agora previstos todos os passos que vão levar à eleição de um novo Papa, dentro de poucos dias.

Desta vez a situação foi inusitada. Quando morria um Papa, estávamos acostumados a acompanhar o seu enterro e agradecer Deus o dom de sua vida, colocada a serviço da Igreja até o momento de sua morte.

Fomos surpreendidos por uma inesperada decisão do Papa, que, sentindo suas forças faltarem, decidiu renunciar para deixar o lugar a outro que pudesse cumprir esta pesada missão com renovadas energias.

Dessa maneira, não é que ele abandonou o barco, para cair fora. Ao contrário, sentiu tanta responsabilidade pesando em seus ombros que achou mais acertado, para o bem da Igreja, renunciar à sua missão de Papa, para que esta missão seja assumida por alguém em plenas condições de suportar o peso deste cargo todo especial.

Com isso, de certa maneira, Bento XVI deu um claro recado ao novo Papa. Seja quem for o eleito, ele poderá contar com o apoio de todos para enfrentar "as questões de grande relevância para a vida da fé, para governar a barca de São Pedro e anunciar o Evangelho", como ele mesmo falou no dia em que anunciou sua renúncia.

Como todos já pudemos constatar, Bento XVI nos deixa um claro e comovente testemunho de tantas virtudes que o ajudaram a tomar esta decisão.

Foi humilde para reconhecer sua fraqueza física.

Foi desprendido em deixar de lado as honras e o poder do cargo que ocupava.

Foi sobretudo responsável, comunicando sua decisão a tempo de todos assimilarem a notícia e assumirem suas responsabilidades.

Com sua renúncia, Bento XVI nos deixa um comovente exemplo de total devotamento à missão que Deus dá a cada um. Sua renúncia se assemelha a um grande retiro, onde ele poderá agora se deter com mais serenidade, vinda de sua paz de consciência pelo dever cumprido e da abundante semeadura, que a seu tempo germinará e dará muitos frutos.

Pelo inusitado da renúncia, o fato se revestiu de expectativas de mudanças na vida da Igreja. Com seu gesto, Bento XVI acabou demonstrando que é possível provocar mudanças, mesmo num aparato tão monolítico como se tornou a estrutura da instituição eclesial.

Parecia que o impulso renovador do Vaticano II já tivesse se esgotado. De repente, a renúncia de um Papa acaba mostrando que é possível, sim, mudar muitas coisas, que o peso da história parecia canonizar como imutáveis!

Nestes dias de sede vacante, estas esperanças se concentram na pessoa do novo Papa que vai ser eleito. Mas podemos alargá-las, apostando nas iniciativas renovadoras que poderão contagiar a Igreja inteira, como aconteceu com João XXIII.

# O conclave

(10 de março de 2013)

Conhecido o dia em que, finalmente, vai começar o conclave, é possível calcular sua duração aproximada, para então sabermos qual será o cardeal escolhido para ser o novo Papa. Como desta vez a sede vacante foi precedida pela certeza da renúncia, parecia conveniente antecipar o conclave. Tanto que o próprio Bento XVI julgou oportuno, enquanto ele ainda estava no cargo, modificar o regimento, facultando aos cardeais anteciparem o conclave.

Com isso, parecia que ele seria convocado logo em seguida à efetiva renúncia de Bento XVI. Mas acontece que as reuniões preparatórias, que normalmente eram feitas enquanto se procediam aos funerais de um Papa falecido, na verdade não tinham como finalidade só fazer exéquias, não! Elas tinham outra finalidade, muito estratégica e necessária: ir tecendo os primeiros consensos, destinados a possibilitar que as votações no conclave já comecem com alguns direcionamentos mais claros, para que a partir deles, aí sim, as votações enveredem para fazer emergir um candidato que possa ir agregando outras adesões, até se chegar à difícil maioria dos dois terços necessários para algum ser eleito Papa.

Pois bem, foi ao que assistimos nesta semana. Foram sucessivas reuniões antes até de se anunciar o início do conclave, com a alegação de que não era o momento de convocá-lo porque alguns cardeais ainda não estavam em Roma.

E assim, a pretexto, desta vez, não de velório, mas da ausência de alguns cardeais, foram se sucedendo reuniões, todos os dias, das quais também participavam os cardeais com mais de oitenta anos. E aí temos outro detalhe indispensável para entender o que se passa com estas reuniões. Os cardeais com mais de oitenta anos não podem votar no conclave, nem dele participam. Mas não está dito que eles não possam dar opinião e influenciar o voto dos outros. E dado que eles já não podem votar, gostariam que, quando o conclave começasse, eles já estivessem seguros de que suas opiniões e preferências já tivessem sido bem assimiladas pelos votantes.

Pois esta é a situação dos cardeais octogenários: como perderam o direito do voto, tanto mais querem valorizar a força do aconselhamento, do palpite, da recomendação, tudo feito com a sutileza de conversas informais e despretensiosas, mas que na verdade são uma premente influência eleitoral.

Por isso, o trunfo dos cardeais com mais de oitenta anos são essas reuniões preparatórias. Oficialmente elas têm a finalidade de fazer uma ampla análise da situação da Igreja no mundo, com vistas a identificar quem teria melhores condições de ser eleito Papa para dar conta dos desafios que hoje se apresentam à Igreja.

Na verdade, esta é uma necessidade, e é de fato a intenção dos cardeais: pensar o voto em função dos desafios que o eleito irá enfrentar.

Daí resulta outra constatação, que me parece importante detectar, para entender o resultado da eleição. É depois de levantados os desafios que dá para ir definindo os nomes a serem escolhidos. Os nomes emergem depois de constatadas as conveniências. Por isso, pode acontecer que certos cardeais, cotados como prováveis candidatos, possam ser deixados em segundo plano por causa da opção estratégica assumida. Se, por exemplo, se chegar ao um consenso que deveria ser um Papa italiano, será eleito um italiano. Se acharem que deveria ser, desta vez, um Papa do terceiro mundo, se procurará um cardeal da América Latina, ou da África ou da Ásia.

É nesta hipótese que pode emergir o nome de um brasileiro. Sozinho, nenhum dos cardeais do terceiro mundo teria cacife para bancar pessoalmente uma candidatura. Mas se for dentro de um consenso mais amplo da conveniência de um Papa representativo das regiões do mundo onde está a maioria dos católicos, poderemos ter um Papa africano, ou latino-americano, ou mesmo um brasileiro.

Daqui a alguns dias a fumaça branca vai nos contar tudo o que aconteceu lá dentro da Capela Sistina...

# Habemus Papam

(17 de março de 2013)

Chega ao fim a grande expectativa. Na pessoa do Cardeal Jorge Mario Bergoglio, temos o novo Papa, que escolheu o nome de Francisco. Sua eleição pegou todo mundo de surpresa. Por mais que as especulações tivessem desenhado diversos cenários para o desfecho do conclave, ninguém apostava no Cardeal Bergoglio. Quando muito, alguns ponderavam que ele poderia, isto sim, influenciar eleitores, levando-os a se inclinar para um lado ou para outro. Mas ninguém imaginava que os votos convergissem, tão rápido, para ele mesmo.

O conclave teve a mesma duração do anterior, quando foi eleito o Cardeal Ratzinger: dois dias de votações. Mas com uma diferença muito significativa: da outra vez, o Cardeal Ratzinger era franco favorito. Desta vez, a proeza de Bergoglio foi muito mais expressiva. E denota um apoio massivo e rápido dos cardeais.

Na busca de entender o que aconteceu, e de projetar o que vai acontecer, ficamos atentos a todos os acenos, alguns mais, outros menos evidentes.

O nome, por exemplo, que ele assumiu revela uma clara identificação com um leque de valores evangélicos e eclesiais testemunhados por São Francisco de Assis. Entre os quais está, sem dúvida, a simplicidade de vida, que caracteriza a personalidade do novo Papa, que ele vivencia não só de maneira espontânea, mas também assumida, como ele fez questão de enfatizar com a escolha deste nome.

Outra insistência, em suas breves palavras de apresentação como Papa diante da multidão na Praça São Pedro, foi a maneira como ele se referiu ao Papa Bento XVI, chamando-o de "bispo emérito de Roma". E depois, ao se referir à função do conclave, afirmou que ele tinha a missão de encontrar um "bispo para Roma". Esta insistência em vincular a missão do Papa com sua condição de "bispo de Roma" é muito significativa. Ela aponta para uma prática da "colegialidade episcopal", em que cada bispo está vinculado a uma "Igreja Particular", sendo que a Igreja no mundo resulta da comunhão de todas as Igrejas locais, de onde emerge a importância especial da Igreja de Roma, como símbolo da comunhão fraterna entre todas as Igrejas.

Em todo caso, esta insistência revela um claro posicionamento eclesial, que sinaliza para a retomada da renovação empreendida pelo Concílio Vaticano II.

Outra observação pode ser feita quanto a sua idade e ao fato de já ter sido candidato a Papa no outro conclave. Os cardeais estão ainda apostando em membros da "velha guarda". Os novos, talvez mais vistosos, e mais capacitados, não estão ainda recebendo esta incumbência.

Isto parece sugerir que existe uma conta a pagar, que vem da geração anterior, e que podemos identificar com o desafio de retomar as generosas propostas de reforma eclesial, sugeridas pelo Concílio.

Tudo indica, portanto, que a eleição do Papa Francisco avaliza um ambiente mais aberto e mais receptivo à retomada do Concílio, nas formas que esta iniciativa poderá comportar.

Outra atitude surpreendente do Papa Francisco foi na hora de dar a famosa bênção "Urbi et Orbi", isto é, "para a cidade e para o mundo": antes de ele dar esta bênção ao povo, ele mesmo pediu que o povo invocasse sobre o Papa a bênção de Deus!

Não deixa de ser uma visão de Igreja impregnada dos ensinamentos do Concílio, que nos falam da Igreja como "Povo de Deus", onde todos somos corresponsáveis pela missão.

Em todo caso, temos pela primeira vez um Papa da América Latina, pela primeira vez um Papa jesuíta e a primeira vez que um Papa escolhe o nome de Francisco.

Pelo visto, teremos mais novidades pela frente. Se ele pediu que o povo o abençoasse, vamos dizer ao Papa Francisco: "Vá em frente, e conte com a gente!".

# Papa João e Papa Francisco

**(09 de junho de 2013)**

Nestes dias transcorreu o aniversário da morte do Papa João XXIII. Veio a falecer no intervalo entre a primeira e a segunda sessão anual do Concílio Vaticano II, no dia 3 de junho de 1963. Como Moisés, que chegou às portas, mas não conseguiu entrar na terra prometida, assim o Papa João não pôde ver concluído seu acalentado sonho de um Concílio para a renovação da Igreja.

Mas, ao falecer, o processo conciliar tinha envolvido de tal modo a Igreja que ninguém duvidava de sua continuidade. Tanto que o seu sucessor, o Papa Paulo VI, fez da garantia de levar em frente o Concílio o seu primeiro compromisso.

Pois bem, neste ano não é só o calendário que nos traz à memória o Papa João XXIII. São tantas as semelhanças que somos levados espontaneamente a comparar o Papa João com o Papa Francisco.

Ambos se constituíram em inesperada surpresa, já pela sua eleição.

Em 1958 ninguém apostava no desconhecido Cardeal Ângelo Roncalli. Em 2013 houve todo tipo de especulação sobre os nomes mais prováveis, mas ninguém se deu conta de pensar no discreto Cardeal Jorge Mario Bergoglio.

Mas a surpresa da eleição, em ambos os casos, serviu para ressaltar ainda mais o acerto do conclave. Parecia que tinham tirado um tesouro escondido a sete chaves, presenteando a Igreja com um Papa que vinha sob encomenda, ao encontro de suas melhores expectativas.

Ambos foram rapidamente conquistando simpatia, que vai se acumulando como reserva preciosa de apoio para suas iniciativas pastorais.

Quando faltavam poucos dias para completar três meses de seu ministério, o Papa João XXIII, a 25 de janeiro de 1959, surpreendeu o mundo com o anúncio do Concílio Ecumênico.

Agora, por estes dias, também o Papa Francisco vai completar três meses do seu ministério. Ele já conquistou o mesmo grau de simpatia de João XXIII. Ele poderia contar, certamente, com o mesmo apoio dado a João XXIII para levar em frente o Concílio.

Mas aí mora a grande diferença de contexto eclesial. João XXIII veio antes de um Concílio. O Papa Francisco chega depois de um Concílio.

João XXIII pôde desencadear um grande mutirão eclesial, onde todos se sentiam animados a participar. Não havia ainda resistências articuladas. Todos podiam partilhar os mesmos generosos sonhos de renovação da Igreja, pelo caminho amplo e seguro de um Concílio Ecumênico.

Agora, o Papa Francisco não dispõe de um símbolo tão eficaz e abrangente, como era o Concílio. Ele precisará fazer opções pontuais e concretas, que poderão ter, sem dúvida, o grande aval emprestado pelas propostas do Concílio Vaticano II, ainda não implementadas.

No tempo do Papa João, a adesão era global e genérica. Agora, o Papa Francisco precisará optar por questões pontuais, que tenham a possibilidade de retomar a amplitude do Vaticano II.

A primeira providência para desencadear o processo do Vaticano II foi a nomeação da "Comissão antepreparatória", instalada no Pentecostes de 1959. Ela tinha a incumbência de identificar os temas a serem abordados pelo Concílio. Ela teve a boa ideia de ampliar a consulta às bases da Igreja, que responderam de maneira pronta e generosa.

Agora, o Papa Francisco também instituiu uma "comissão" de consultores para ajudá-lo a tomar as iniciativas mais apropriadas. O melhor que podemos desejar a esta Comissão é que ela se faça portadora dos anseios profundos de renovação eclesial, que o processo conciliar ainda não conseguiu efetivar.

De qualquer forma, o Papa Francisco pode contar com o mesmo apoio dado ao Papa João. Ele pode convocar. A Igreja estará pronta para acatar suas iniciativas.

# Papa Francisco: dos gestos aos fatos

**(24 de março de 2013)**

Com sua posse solene, a 19 de março, o Papa Francisco inicia a caminhada do seu pontificado. Caminho que desde o primeiro momento, na sacada da basílica, ele propôs de realizar junto com o povo, de quem pediu a bênção. O início não podia ser melhor. Sua eleição foi inesperada. E todos de imediato a acolheram com entusiasmo e alegria. Tanto que se tornou um fenômeno na mídia mundial, que continua reservando a ele manchetes nas primeiras páginas.

A figura do Papa Francisco emergiu de repente, vindo sem dúvida preencher um vazio de grandes personalidades no cenário mundial, de que padecemos hoje.

Mas ele fez por merecer esta pronta adesão de todos os que se perguntavam pelo Papa que iríamos ter. Soube transmitir suas mensagens através de gestos, que nestas circunstâncias são percebidos de maneira mais clara e eficaz.

A começar pelo nome que escolheu. Ele evoca um leque muito amplo de valores humanos e cristãos, que fazem parte da biografia de São Francisco e que agora servem de referência para pensarmos o que o novo Papa poderá desencadear.

Outros gestos também tocaram de cheio a sensibilidade do povo, que espera um Papa humano, que suscite e incentive um clima de compreensão e de fraternidade, capaz de romper com o crescente distanciamento da Igreja com os problemas da humanidade de hoje. Dá para dizer que o Papa Francisco está seguindo as pegadas de João XXIII. Daquela vez, o Papa foi despertando uma admiração crescente, sobretudo pelos gestos de bondade que ia fazendo. E não demorou muito para transferir a simpatia, de sua pessoa para a sua proposta, de um Concílio Ecumênico para renovar a Igreja.

Assim, o entusiasmo pelo Papa passou para o entusiasmo com o Concílio. De tal modo que o apoio do povo foi decisivo para desencadear um surpreendente processo de mudanças e de renovação cristã e eclesial.

A questão que se coloca agora é saber até que ponto este novo entusiasmo por um Papa que captou a benevolência do povo pode se tornar em novo impulso de renovação eclesial.

A esperança é exatamente esta. A renúncia de Bento XVI e a eleição do Papa Francisco parecem ter criado um clima muito propício para desencadear um novo processo de renovação eclesial, retomando as propostas do Vaticano II, que receberiam um novo impulso, dentro do clima favorável de diálogo e de abertura, já sinalizado pelo Papa Francisco.

Claro que se levantam algumas questões muito pertinentes, que nos fazem pensar na viabilidade prática desta retomada do Concílio. No tempo de João XXIII, o processo de renovação eclesial entusiasmou a todos, quase não encontrando nenhuma resistência.

Agora, quem iria sustentar este apoio e como seria possível articulá-lo, para que encontre eco nas instâncias de decisão eclesial?

Mas o fato positivo é este: parecem recriadas as condições de um novo período de renovação eclesial, no clima favorável de caridade fraterna, de abertura e de compreensão, de que todos estão sedentos.

Em todo caso, estaremos atentos a todos os sinais de convocação que vierem da parte de nosso Papa Francisco. Pois não podemos desperdiçar um momento de graça tão forte e evidente como este que Deus suscitou com a eleição do nosso Papa Francisco. "Vereis coisas maiores do que estas", falou Jesus aos seus discípulos. Se os gestos do Papa Francisco já nos entusiasmaram, muito mais vamos traduzir o entusiasmo pelo Papa que temos, com as decisões que ele tomar e para as quais necessitar de nosso apoio. Então, os gestos de hoje serão os fatos de amanhã.

# O Papa e a Páscoa

(31 de março de 2013)

Quando Bento XVI, às vésperas da Quaresma, anunciou sua renúncia, tudo o que a Igreja desejava era ter um novo Papa para a Páscoa.

E deu certo! Olhados agora os acontecimentos, *a posteriori*, parecem ter sido agendados de propósito, num calendário com os dias todos disponíveis. Deu não só para ter o novo Papa na Páscoa, mas foi possível também celebrar o início do seu pontificado na festa de São José, padroeiro da Igreja, e assim liberar a Semana Santa para as celebrações tradicionais que a ocupam por inteiro. O pontificado do Papa Francisco encaixou-se bem na dinâmica litúrgica. A esperança é que se encaixe bem no processo histórico vivido hoje pela Igreja.

As grandes celebrações litúrgicas da Semana Santa se constituem em referência exemplar para todas as liturgias ao longo do ano. A celebração da Páscoa, de certa maneira, "formata" todas as outras celebrações do Ano Litúrgico.

O início do pontificado do Papa Francisco teve a feliz coincidência de acontecer na reta final da Quaresma, onde as celebrações litúrgicas propiciam um simbolismo fecundo, apontando valores muito importantes, que servem de referência para todo um programa de governo eclesial.

De certa maneira, dá para dizer que o Papa Francisco, nesses seus primeiros dias de bispo de Roma, escolheu as referências que traçam a linha do seu pontificado. Usou gestos e palavras que servem de parâmetro para "formatar" esta linha. Ele emitiu sua mensagem cifrada. Tentemos decifrá-la, para entender bem seu recado.

Sua jogada estratégica começou pela escolha do nome. Foi sua primeira decisão, depois de ter aceito sua eleição. Isto mostra que, desde o primeiro momento como novo bispo de Roma, foi logo traçando um rumo para a missão que acabava de abraçar.

Tendo São Francisco como referência, e como escudo para neutralizar possíveis resistências, foi colecionando gestos e palavras que foram cimentando as primeiras impressões positivas a respeito de sua pessoa e de suas intenções.

Para sinalizar sua vontade de encontrar grandes consensos com a humanidade de hoje, elegeu a ecologia como terreno fácil e evidente de coincidências entre as causas da Igreja e as causas da sociedade. Insinuando assim que está disposto a buscar outras convergências que reaproximem a Igreja das grandes questões que afligem hoje a humanidade, mergulhada em crise profunda, nestes tempos de tantas mudanças.

Para sair da defensiva, diante de acusações que lhe sacam, a Igreja precisa, decididamente, colocar-se a serviço da vida. Com esta postura radical conseguirá sair do sufoco a que foi submetida por problemas internos, que serão superados à medida que abraçar as grandes causas da humanidade.

Nesta perspectiva, tomam sentido os gestos de simplicidade, de despojamento e de bondade que o Papa Francisco veio fazendo nestes dias, numa evidente intenção de seguir o roteiro vivido pelo Papa João XXIII.

Nesta semelhança com o "Papa da bondade", se entende, por exemplo, sua decisão de celebrar a missa do "lava-pés" no Instituto

Penal para menores Casal Del Marmo. Uma das atitudes que mais popularizaram João XXIII foi exatamente sua visita aos detentos no presídio de Roma.

Mas João XXIII teve a grande oportunidade de convocar um Concílio, para o qual canalizou as simpatias pessoais que ele tinha angariado, convocando a todos para o grande mutirão em que se constituiu o Concílio.

Qual será o novo mutirão que o Papa Francisco vai desencadear, para justificar as grandes esperanças que ele despertou com sua insistente convocação nestes dias de Semana Santa?

Depois da Páscoa, a Igreja leva sua fé para o cotidiano da vida.

Depois dos gestos e das palavras animadoras, o Papa Francisco precisa tomar suas primeiras iniciativas práticas.

Como pediu nossas orações, não lhe faltará nosso apoio para implementar suas decisões.

# Aprendiz de Papa

(22 de julho de 2012)

À medida que se intensificam as celebrações dos 50 anos do Concílio Vaticano II, que terão seu momento culminante no próximo mês de outubro, vai emergindo com destaque a figura do Papa João XXIII. Ele foi, sem dúvida, o grande protagonista deste Concílio. Nenhum outro na história da Igreja esteve tão ligado a um Papa como o Vaticano II esteve ligado a João XXIII.

Ao se recordarem os episódios, que compuseram o contexto desencadeador do Concílio, costuma-se ressaltar o ingrediente da surpresa, envolvendo especialmente a figura de João XXIII.

Já foi uma grande surpresa sua eleição, no conclave que se seguiu à morte de Pio XII, em outubro de 1958. Ninguém esperava que o pacato Patriarca de Veneza, Ângelo Giuseppe Roncalli, fosse eleito Papa.

Assimilada esta primeira surpresa, não demoraram outras, encadeadas, que aos poucos foram dando a certeza de que o velho cardeal, feito Papa, iria ultrapassar, de longe, as mais otimistas expectativas que o seu pontificado poderia comportar.

Ele marcou o dia 4 de novembro para o início oficial do seu pontificado. Conhecedor da história da Igreja, quis homenagear a memória de São Carlos Borromeu, exímio bispo que tinha aplicado com firmeza o Concílio de Trento.

Não demorou para o povo romano perceber no novo Papa a simplicidade aliada a uma grande bondade, que cativava a simpatia de todos. Tanto que logo foi chamado de "Papa da bondade".

Esta imagem de bondade ficou escancarada com duas iniciativas surpreendentes de João XXIII. No Natal, sem avisar o cerimonial, foi a um hospital visitar as crianças enfermas. No dia seguinte, foi visitar os presos no cárcere de Roma.

Estava armado o cenário para o povo aceitar com entusiasmo a ideia de um Concílio Ecumênico, lançado pelo Papa da bondade, no dia 25 de janeiro de 1959.

Mas, analisando melhor a história, estas surpresas todas têm a sua explicação. Conhecendo alguns detalhes de sua vida, desde os tempos em que o jovem Padre Ângelo Roncalli era secretário do bispo de Bérgamo, podemos agora nos dar conta de que ele foi juntando experiências e assimilando lições muito importantes, que o habilitaram a desempenhar com competência as incumbências que a Igreja foi lhe confiando, até a maior de todas, o ofício de ser Papa.

Ao longo de sua vida, ele foi aprendiz de Papa!

É muito interessante constatar que a primeira incumbência importante, confiada ao Padre Roncalli, foi organizar a atividade missionária da diocese de Bérgamo. Desincumbiu-se tão bem desta tarefa que, em seguida, foi chamado a Roma para reorganizar, em nível mundial, as "pontifícias obras missionárias". E, a partir daí, ele mesmo se colocou à disposição da Igreja para as missões que poderiam lhe ser confiadas. Assim é que foi núncio na Bulgária, na Turquia, depois na França, até ser nomeado Patriarca de Veneza, de onde foi eleito Papa.

Quem não o conhecia, ficou surpreso com sua eleição. Na verdade, ele era símbolo de uma das maiores manifestações de vitalidade da Igreja Católica antes do Concílio, o despertar missionário, que se traduziu em numerosas congregações surgidas na Europa ao longo do século XIX e inícios do século XX.

Não há nenhum exagero em afirmar que o Papa João XXIII foi fruto do despertar missionário da Igreja na Europa, que proporcionou um grande impulso de renovação, assumido depois pelo Concílio de maneira mais ampla e articulada.

Foi a missão que despertou a Igreja para a realização do Concílio.

Será a abertura missionária que levará a Igreja a aplicar agora as recomendações do Concílio.

# A família

# O Sínodo e a família

### (05 de outubro de 2014)

Neste domingo, dia 5 de outubro, enquanto no Brasil se realizam as eleições, em Roma começa o Sínodo Extraordinário sobre a Família, convocado pelo Papa Francisco. Nunca um sínodo suscitou tanto interesse como desta vez. Em primeiro lugar, porque o assunto é urgente e se reveste de dramaticidade, tal a problemática enfrentada hoje pela família. Mas a razão do interesse não é só esta. Este Sínodo traz a marca registrada do Papa Francisco. Foi decisão sua convocar um Sínodo Extraordinário para a Igreja se defrontar, sem rodeios nem evasivas, com a complexa realidade vivida hoje pelas famílias.

Visto na perspectiva mais ampla da conjuntura atual, este Sínodo vem completar a definição do perfil deste pontificado. É o arremate que faltava para deixar bem desenhado o projeto que este Papa acalenta. Ele deseja ver a Igreja se aproximando da sociedade, não para condená-la, mas para se colocar, solidariamente, ao lado da sociedade.

O foco desta solicitude pela família não é em primeiro lugar urgir uma visão teologicamente correta da família. Mas, antes, de ir ao encontro das pessoas que se sentem envolvidas pela problemática familiar, na tentativa de lhes oferecer apoio para as opções concretas que precisam assumir.

Neste sentido, dá para transferir para a família de hoje as palavras que Cristo pronunciou a respeito da missão que ele tinha a cumprir neste mundo. "Deus enviou o seu Filho ao mundo, não para condenar o mundo, mas para que o mundo seja salvo por ele."

Por mais complexas que sejam as situações vividas hoje pelas famílias, sempre é possível encontrar um terreno comum entre Igreja e sociedade, entre Pastoral da família e situações familiares problemáticas, e assim promover iniciativas válidas de enfrentamento das dificuldades.

Algumas insistências do Papa Francisco encontram na família a possível concretização.

Ele insiste numa Igreja misericordiosa, portadora do perdão que Deus oferece a todos, gratuitamente.

Ele propõe uma Igreja acolhedora, que não exclua ninguém de participar da comunidade.

Ele sonha com uma Igreja de portas abertas, não só para acolher bem todos que a procuram, mas também para sair e ir ao encontro de quem se encontra mais fragilizado e necessitado de apoio.

Pois bem, estas recomendações todas encontram concretude no contexto da realidade vivida hoje pelas famílias.

Sem deixar de apontar os valores ideais, que sempre precisam servir de referência para qualquer abordagem que se faça a respeito da família, sempre é possível promover ações solidárias em benefício das famílias, em especial as que mais necessitam de apoio.

Toda a expectativa suscitada por este sínodo se volta para as possíveis medidas pastorais, que a Igreja poderá assumir e propor em favor das famílias.

Esperamos que estas expectativas se realizem e não sejam bloqueadas por resistências internas que as inviabilizem.

Vale a pena continuar apostando na família!

# Alerta às famílias

(10 de agosto de 2014)

Este domingo é o Dia dos Pais. A próxima semana é a Semana da Família. Para o mês de outubro o Papa Francisco convocou um Sínodo Extraordinário sobre a Família.

Não há nenhuma dúvida: está soando o alerta geral sobre a família.

Tida tradicionalmente como reduto inesgotável de reservas morais, que podiam ser invocadas nos momentos de maior crise da sociedade, agora, ao contrário, é a família que está fazendo água, e necessita de socorro urgente.

Basta conferir o ambiente tenso que se encontra, por exemplo, na maioria das salas de aula. Tal a soma de problemas trazidos da família pelos alunos, que os professores se veem doidos. A situação já ultrapassou os limites da normalidade. É imperioso convocar a sociedade para socorrer a família. E fazer com que ela se torne, de novo, um espaço providencial, seguro e tranquilo, como reduto em que as pessoas aprendem a se relacionar com equilíbrio, assimilando valores indispensáveis, como o respeito mútuo, a solidariedade e a confiança para a partilha de compromissos e para a garantia de segurança e de convívio salutar.

Assim a família voltaria a ser um ambiente favorável ao crescimento das pessoas, levando-as a assumir a própria identidade, sem equívocos nem receios de enfrentar a realidade.

Se nos perguntamos pela origem desta crise profunda por que passa hoje a família, não há dúvida de que boa parte da responsabilidade deve ser colocada na conta de quem se diverte em solapar valores tradicionais, fazendo da família uma caixa de ressonância das suas irreverências, para divertimento dos que carecem de discernimento e para delírio dos que garantem audiência fácil aos programas de televisão.

Buscando uma explicação sociológica da crise por que passa a família, o Papa Francisco foi encontrar no Documento de Aparecida um aspecto que merece nossa atenção. Descrevendo a situação em que vivemos, afirma que estamos não só numa época de muitas mudanças, mas numa "mudança de época". Portanto, uma crise mais profunda, não episódica.

Constata ele que em momentos assim é mais viável o abandono de valores tradicionais, na ingênua esperança que a nova situação se encarregará de trazer as soluções, como foi capaz de generalizar a crise.

Em todo caso, mesmo sem levar em conta todos os motivos, o fato é que hoje a família passa por um momento de profunda crise, que tende a se generalizar.

Está na hora de dar-nos conta de que estão em jogo os fundamentos éticos de nossa sociedade. E que não dá mais fazer dos problemas das famílias roteiros fáceis de novelas descomprometidas com a ética e com a moralidade.

Chega de fazer da família um joguete de divertimentos pitorescos e irresponsáveis. Está na hora de assumirmos a defesa da família, assegurando-lhe todo o apoio de que ela necessita para retomar sua nobre vocação de geradora da vida e de educadora das pessoas.

# Oportunidade para os jovens

(18 de setembro de 2011)

Este domingo, 18 de setembro, marca o início de um evento muito importante para a juventude brasileira. Começa a preparação do próximo encontro mundial da juventude com o Papa, a se realizar no Rio de Janeiro, em 2013.

Olhando a agenda dos próximos anos, percebemos que são diversos os "encontros marcados" que nos aguardam pela frente. De imediato temos para o ano que vem a "Rio + 20", retomando a temática da "Eco 92", vinte anos depois.

Em seguida, será a vez do encontro mundial da juventude, precedendo a Copa do Mundo que o Brasil hospedará em 2014 e culminando com as Olimpíadas de 2016.

Salta aos olhos a carga de eventos marcados para o Rio. A "cidade maravilhosa" recupera sua majestade de capital brasileira, dotada de prestígio próprio, que não ficou em nada ofuscada com a transferência da capital política para Brasília.

Mas deixemos que o Rio valorize estas oportunidades que a história lhe proporciona com larga generosidade e fixemos nossa atenção no evento da juventude, pois este parece fazer a diferença entre todos eles.

Na verdade, o evento vai começar com o grande encontro previsto para este domingo em São Paulo, no Campo de Marte. Lá estarão milhares de jovens para acolher a cruz simbólica que chega de Madri, local do último encontro realizado no mês passado. Acolhida hoje, a cruz percorrerá todas as dioceses do Brasil, despertando a juventude e convocando-a a assumir seu protagonismo na sociedade e na Igreja.

Esta "Jornada Mundial da Juventude" parece chegar no momento certo para despertar a juventude brasileira e desafiá-la a demonstrar o grande potencial que carrega, o qual talvez tenha ficado hibernando por tempo demasiado longo, por falta de oportunidade de se expressar.

Será um evento que não dependerá de grandes obras materiais, como os outros. Será constituído, ao contrário, da manifestação de valores humanos, éticos, culturais, religiosos, ligados espontaneamente à juventude, e que só necessitam de oportunidade e de estímulo para se firmarem e expressarem adequadamente.

Há mais tempo a juventude vem preocupando. No âmbito da família, os pais não conseguem dar conta dos problemas levantados pelos jovens. Na escola, os professores se veem em apuros diante das demandas dos alunos. Na sociedade, muita gente se pergunta onde irá parar a rebeldia dos jovens. A própria Igreja fica perplexa diante dos questionamentos que a juventude lhe faz.

Pensando bem, nada disso é de estranhar. Pois num tempo caracterizado por profundas mudanças, a ponto de vivermos hoje não só uma época de mudanças, mas uma "mudança de época", não é de estranhar que os jovens sejam os mais vulneráveis e os mais sujeitos às consequências negativas da realidade de hoje. Eles já não se sentem abrigados na família e ainda não conquistaram seu espaço na sociedade. Sofrem direto as intempéries dos vendavais éticos de nossa época.

Agora se apresenta para a juventude brasileira uma oportunidade excepcional. As "Jornadas Mundiais da Juventude" já cunharam sua marca, que está surpreendendo os sociólogos. Algo novo está começando na juventude. Todos vão querer conferir qual será a marca do encontro do Rio de Janeiro. E os jovens do Brasil já avisaram que querem demonstrar que o Rio não é só lugar do carnaval e do futebol. É também a terra que acolhe uma juventude vibrante, que quer superar seus problemas e pretende afirmar sua identidade, abrindo espaço para a sua presença renovadora, tanto na sociedade como na Igreja.

Em São Paulo, com a chegada da "cruz dos jovens", começa um tempo novo para a juventude brasileira. Vale a pena apostar nesta esperança. Vale a pena acreditar nos jovens. Vamos abrir caminho, porque os jovens estão se colocando em marcha, rumo à Jornada Mundial da Juventude de 2013, no Rio de Janeiro!

# Nova tragédia

(11 de agosto de 2013)

O Brasil inteiro toma conhecimento de mais uma tragédia familiar que nos deixa estarrecidos. Mesmo que o triste episódio ainda não esteja de todo esclarecido, o fato é que resultaram cinco vítimas fatais, de uma mesma família, com evidentes indícios de ato praticado por um adolescente de treze anos, que matou seus pais, sua avó, sua tia-avó e terminando por matar a si próprio.

Diante de uma tragédia, a primeira atitude é de respeito pelas vítimas, de pesar pela perda de vidas e de solidariedade pela dor causada a pessoas que mais de perto foram atingidas.

Cabe também, de imediato, um espaço para cada um, da maneira como achar conveniente, se colocar diante do mistério da existência humana, e com reverência pedir que Deus tenha compaixão das vítimas, na convicção de que sua misericórdia ultrapassa nossas trágicas limitações. Pois se mostra cada vez mais necessário situar nossa vida, nossos atos, nossas contingências, à luz de verdades transcendentes que nos apontam valores preciosos para a salvaguarda da vida humana. Não dá mais para achar que o banimento da fé não tenha consequências e que seja possível prescindir impunemente da religião ao situar-nos diante da existência humana.

Fatos como este levantam interrogações profundas. Que teria faltado naquela família, que contava com o amor dos pais, o zelo da avó, o carinho da tia, compondo um contexto humano cálido e exuberante?

E a escola, que teria deixado de fazer, além da acolhida personalizada que proporcionou ao menino, desde o primeiro dia de sua matrícula?

E que ambiente social ele respirou, para que fosse levado a praticar estes atos de extrema crueldade?

A própria Igreja precisa se interrogar sobre como inserir na prática cotidiana das pessoas o sentimento de respeito à vida humana e a urgência do cultivo de atitudes destinadas a resguardar a integridade das pessoas.

Diante de fatos assim, em todo caso, é salutar que todas as instituições se interroguem e procurem ajuda mútua, para se criar uma "cultura da vida" e superar o que infelizmente vai se desenhando como uma fatídica "cultura da morte".

Por escassas informações repassadas do caso específico desta tragédia, fica confirmada a convicção de que, em todas as famílias, nas escolas, na Igreja, na sociedade, se faz necessário distinguir de maneira mais clara o virtual do real. Entre essas duas dimensões passou a existir uma fronteira muito tênue e, às vezes, mesmo coincidente.

O mundo virtual pode ser construído e desconstruído de acordo com as fantasias de cada um. Nele é fácil fazer e desfazer, viver e morrer, matar e se matar. No mundo virtual, tudo pode ser feito de maneira inconsequente. Mas quando nesses procedimentos, que ocupam crianças e adolescentes horas a fio, se inverte o contexto e se passa do mundo virtual para o mundo real, aí pode acontecer tragédias que nos assombram.

Outra observação: a distância cultural entre gerações se tornou muito grande. Urge um esforço comum para aproximar as gerações, criar mais momentos de convivência na família, fortalecer a dimensão salutar da realidade concreta da vida, da normalidade, do encanto com a natureza e da consciência de quanto é importante o respeito pelas pessoas, cultivando o cuidado pelo prodígio da vida, que se encontra sobretudo em nossa existência humana. Uma coisa resulta evidente. A pessoa humana não se sacia com futilidades ou aparências. Quanto mais abarrotamos os filhos com valores superficiais, maior resulta a carência interior, que demanda por valores humanos consistentes e inquestionáveis. De novo se comprova: "Não só de pão vive o homem". O ponto de partida volta a ser o valor da vida humana, de quem a família é guardiã, devendo ser apoiada por todos na sua indispensável tarefa de geradora e promotora da vida.

# Valores a transmitir

(13 de maio de 2012)

Este domingo é o Dia das Mães. São tantas as celebrações que os calendários se veem sobrecarregados, quase não tendo espaço para lembrar todas as efemérides marcadas para cada dia. Mas o Dia das Mães nem precisa constar no calendário. Ele se impõe por si mesmo. Por múltiplos motivos. Em primeiro lugar pelo respeito, admiração e gratidão que merece qualquer mãe, seja qual for a condição em que se encontra. A mãe sempre merece um preito de gratidão da humanidade. É sempre sublime a missão de gerar e resguardar a vida. Ainda mais quando esta é frágil e necessita de proteção.

Toda festa acaba assumindo uma causa a celebrar, um valor a defender, um critério a seguir.

A festa das mães tem evidente conotação familiar. E a família tem forte vinculação com a sociedade.

É o que quer transmitir o Sétimo Encontro Mundial das Famílias, a se realizar no final deste mês e início de junho, em Milão, na Itália. Uma das mensagens que promovem o evento recorda, exatamente, o estreito vínculo da família com a sociedade.

Assim é divulgada a mensagem: "A família é a primeira e vital célula da sociedade, porque na família se aprende quanto é importante o relacionamento com os outros".

De tal modo que a família se torna o espelho da sociedade. Ela transmite valores que fazem parte do convívio humano, independentemente da forma como este convívio se configura.

Tanto é verdade que as famílias vão mudando de fisionomia. Mas ao passar por estas metamorfoses que tanto afetam hoje a sociedade, a família é chamada a vivenciar os valores que ela sempre testemunhou, de proteção da vida, de respeito pela subjetividade de cada pessoa, de bondade, de confiança, de dedicação amorosa às pessoas que compõem o circuito da convivência humana.

Promovendo o Dia das Mães, acabamos reforçando neste ano a mensagem do Sétimo Encontro Mundial das Famílias. O número já sugere que a iniciativa é bastante recente. De fato, o grande inspirador destes encontros foi o Papa João Paulo II. Um deles foi realizado no Rio de Janeiro, no final da década de 1990, quando João Paulo II teve oportunidade de ver de perto os encantos da natureza carioca. O encontro que teve o público mais expressivo foi em Manilha, nas Filipinas, quando quatro milhões de pessoas participaram da celebração final da Eucaristia.

Desta vez o tema é prático e sugestivo: "A família, o trabalho e a festa".

Realizado em Milão, capital da laboriosa Lombardia, região de forte identidade cultural e humana, identificada com a fé católica, nada melhor do que lembrar o trabalho e a festa, componentes indispensáveis da vida, para servirem de tema deste encontro mundial.

O hino que vai unir as diversas celebrações leva por título: "A tua família te rende graças".

Um último aceno simbólico: o encontro se conclui no dia 3 de junho, domingo da Santíssima Trindade. Se a família tem necessária relação com a sociedade, ela encontra sua consistência maior em sua relação com Deus, o Senhor da Vida. A família é espelho da comunhão trinitária.

A família nos permite expressar nossa compreensão aproximada do mistério de Deus. Dela tomamos as palavras que aplicamos alegoricamente a Deus, que identificamos com o Pai-Mãe, Filho e Espírito Santo. Usando categorias familiares, expressamos nossa compreensão de Deus.

Vivenciando o amor materno, temos a imagem aproximada do amor divino que Deus manifesta por nós. As mães são testemunhas de que Deus é amor!

# Vovôs e vovós

(31 de julho de 2011)

Se há uma pastoral que chegou em boa hora é a "Pastoral da Pessoa Idosa". Como convém a adultos, ela nasceu andando: foi assumida pela falecida Doutora Zilda Arns. Ao passar para outros a coordenação da Pastoral da Criança, abraçou com vigor de jovem e com experiência de veterana a causa das pessoas idosas.

Sábia e experimentada com a importância de cunhar um nome emblemático para a nova pastoral que estava surgindo, a Doutora Zilda não embarcou na artificialidade de algumas expressões que parecem traduzir constrangimento diante do envelhecimento humano, falando em "melhor idade" ou "terceira idade". Ela preferiu o jogo aberto e franco da "pastoral da pessoa idosa". Ter idade não é desdouro, não é vergonha, não é desgraça.

Ao contrário, chegar à velhice é um privilégio, uma conquista, uma vitória pessoal e uma graça para a família e para a sociedade.

Para que isso aconteça, a Pastoral da Pessoa Idosa se propõe a realizar um trabalho de apoio, de organização e de clima favorável à acolhida e valorização das pessoas idosas.

Os resultados são surpreendentes. Há muitas pessoas idosas que passaram a se assumir melhor, tomando os cuidados indispensáveis para a saúde, assimilando práticas de exercícios que vão mantendo o corpo sadio e o espírito alerta e disposto a administrar a própria vida.

O calendário litúrgico, há muito tempo, escalou dois padroeiros de primeira linha para as pessoas idosas. Nada mais e nada menos do que São Joaquim e Sant'Ana, os pais de Maria e, portanto, os avós de Jesus. Com a Pastoral da Pessoa Idosa, até eles passam a merecer um destaque maior na divulgação dos seus nomes e da missão que a Igreja lhes atribui, como patronos das pessoas idosas. A exemplo dos dois santos, os idosos também podem expressar gratidão pelos anos vividos, pela missão cumprida e pela confiança diante do futuro, com a serenidade que Joaquim e Ana inspiram e infundem.

Mas a Pastoral da Pessoa Idosa não esconde problemas sérios que o aumento da população adulta deixa entrever. A demografia comprova, de fato, que a faixa etária dos sessenta para cima vem aumentando expressivamente. Até pouco tempo atrás se dizia que o Brasil era um país de jovens. Agora já não é mais. Os idosos vão marcando uma presença sempre maior.

Isto se deve, em parte, ao fato evidente do aumento da duração da vida humana. Vivemos mais tempo, e isto é muito bom, é uma boa notícia que deveria levar todos a se prepararem para uma velhice digna e feliz. A média de vida, no Brasil, passou rapidamente dos sessenta para os setenta anos, atingindo agora já a cifra de aproximadamente setenta e três anos.

Mas o expressivo crescimento proporcional das pessoas idosas se deve também à rápida, e preocupante, diminuição da natalidade na população brasileira. A queda foi brusca e generalizada, em todas as regiões e contextos da população brasileira, demonstrando ser irreversível, o que a torna mais preocupante ainda.

A população brasileira está perdendo vitalidade. É preciso dar-nos conta deste fato para perceber a importância que tem a família e o apoio que a sociedade e o Estado lhe devem.

Diante deste fato se relativizam outras reivindicações, mais espalhafatosas e inócuas. Quem merece nosso apoio são as famílias, capazes de nos dar a alegria de vidas novas, que garantam o futuro deste país, tão pródigo em recursos vitais, ameaçado de carregar o estigma da infertilidade.

No Brasil há lugar para as pessoas idosas. Mas, se faltam as crianças, todas as outras faixas etárias ficam comprometidas. Até porque a alegria maior dos vovôs é transmitir carinho aos seus netos.

# Conjuntura

# 2012: cinquenta anos atrás

(08 de janeiro de 2012)

O ano de 2012 nos apresenta, de saída, um claro compromisso com o passado. Ele leva a marca do ano 1962. Cinquenta anos atrás, a Igreja realizava um evento que a levaria a profundas transformações e seria símbolo de mudanças radicais pelas quais iriam passar as grandes instituições mundiais. Tratava-se do Concílio Ecumênico Vaticano II. Ele foi aberto oficialmente no dia 11 de outubro de 1962 e se prolongaria por quatro anos. Tempo amplo, e até arriscado, durante o qual a própria Igreja tomou a iniciativa de se submeter a uma rigorosa análise de sua caminhada histórica, com a intenção de se atualizar, para assim corresponder melhor à sua missão e se habilitar ao diálogo com o mundo de hoje.

Esta, em poucas palavras, é a ingente tarefa que o Papa João XXIII colocou como motivação para convocar esta assembleia eclesial extraordinária, que leva o nome histórico de "Concílio Ecumênico".

Pois bem, depois de cinquenta anos, quando o calendário nos instiga a celebrar este evento de maneira "jubilar", somos instados a recordar os fatos, medir seu alcance e nos interrogar a respeito dos seus desdobramentos atuais.

Já são diversas as iniciativas em curso a se concretizar neste ano, motivadas pelo jubileu do Concílio. A data de referência é o dia 11 de outubro, que lembra a solene abertura do Concílio na Basílica São Pedro, presidida pelo Papa João XXIII.

Mais do que um evento, o Concílio se constituiu num amplo processo que envolveu profundamente toda a Igreja. Sua lembrança nos permite situá-lo num contexto mais vasto e colocá-lo em confronto não só com a situação atual da Igreja, mas com a realidade globalizada que vivemos hoje.

O próprio Concílio, cinquenta anos atrás, foi devedor da realidade mundial, sem a qual ele provavelmente nem teria acontecido. As décadas mais otimistas dos últimos séculos – dá para afirmar com boa razão histórica – foram as décadas de 1950 e de 1960, sobretudo na Europa, envolvida intensamente na sua reconstrução, após a Segunda Guerra Mundial.

O Concílio foi lançado no final da década de 1950, pelo anúncio feito por João XXIII no dia 25 de janeiro de 1959. Eram os tempos dos primeiros passos na aventura espacial, que foi pensada para chegar à lua e a outros astros, mas que acabou trazendo tantas inovações em nosso planeta, sobretudo nas possibilidades de comunicação, que agora estão sendo integradas no cotidiano de nossas vidas.

Quando se consegue trazer de volta à memória um vasto processo, como foi o Concílio Vaticano II, podemos dispor de referências que apontam para várias direções.

É o que promete esta celebração do jubileu do Concílio. Servirá não só para discernir o que se passa hoje na Igreja, mas também ajudará a entender o que se passa hoje no mundo.

Afinal, o Concílio teve o mérito de tomar a iniciativa de renovação eclesial, antes que ela fosse imposta de fora pela dinâmica da história. Assim, agora o seu jubileu nos oferece referências muito úteis para entender o rumo que a realidade vai tomando.

De vez em quando uma olhada providencial no retrovisor ajuda a perceber as curvas da estrada. Então, a recordação do Concílio ajuda a entender o caminho andado e perceber as advertências do trânsito. Pois a história continua dinâmica, e não é o caso de pedir que pare para reencontrar o seu rumo. Precisamos intervir, enquanto o carro vai andando. Ou, na comparação preferida por Jesus, enquanto o barco vai sendo sacudido pelas ondas!

# Concílio e identidade latino-americana

(24 de junho de 2012)

Nesta semana tive a oportunidade de participar da Assembleia da CLAR – Conferência Latino-Americana dos Religiosos, em Quito, no Equador. A entidade talvez não seja tão conhecida, mas ela é muito importante no contexto da Igreja da América Latina. Basta ter presente os milhares de Irmãs, Irmãos, Padres, das muitas Congregações que se fazem presentes, desde os primórdios da Igreja no continente americano, e que há 53 anos se articulam através da CLAR.

Se olhamos as datas, percebemos a proximidade da trajetória da CLAR com a caminhada de renovação da Igreja, impulsionada em nossa época pelo Concílio Vaticano II.

Na sempre delicada tarefa de propor objetivos comuns, dentro da indispensável comunhão eclesial, se constitui num fator de segurança cultivar as grandes referências que balizam a missão da Igreja em nosso tempo. Entre as referências que continuam válidas, está, certamente, o Concílio. Daí o acerto da CLAR de evocar o Concílio durante sua assembleia, ainda mais que neste ano é a Igreja toda que o recorda no cinquentenário de sua abertura oficial.

Entre tantos aspectos, que a reflexão da CLAR só teve o tempo de acenar de leve, encontra-se uma coincidência que coloca desafios muito especiais para a Igreja da América Latina.

Acontece que o Vaticano II encontrou a Igreja da América Latina em pleno processo de afirmação de sua própria identidade eclesial. O continente latino-americano e a Igreja da América Latina estavam despertando para assumir sua própria identidade, libertando-se de dependências históricas que de diversas maneiras tinham impedido a afirmação de sua autonomia.

Seria muito interessante conferir em que medida a recepção do Concílio estimulou e fortaleceu esta identificação, ou de que maneira esta identificação foi obstaculizada.

Em primeiro lugar é forçoso reconhecer que o Concílio se constituiu num fator de grande incentivo para o processo de descentralização eclesial. Pois o Concílio forneceu o suporte teológico que possibilitava sonhar com a sadia diversidade de Igrejas locais, as quais iriam enriquecendo a Igreja Universal por suas fisionomias eclesiais próprias.

O continente latino-americano estava sequioso de autonomia política e de afirmação de sua identidade. A Igreja estava disposta a abraçar as causas do povo, contribuindo com sua presença de serviço e oferecendo a riqueza de sua fé, que estimulava a integração de valores culturais e humanos em sua fisionomia eclesial.

O Concílio Vaticano II veio fecundar o processo libertário da América Latina, envolvendo a Igreja de maneira muito intensa.

Em primeiro lugar, portanto, o Concílio despertou a Igreja da América Latina, incentivando-a assumir sua própria identidade, de maneira autônoma e responsável.

Ao mesmo tempo, começaram cedo as resistências a este processo, sobretudo diante de algumas expressões eclesiais que se tornariam típicas da Igreja na América Latina e que podem ser assim elencadas: as Comunidades Eclesiais de Base, a opção pelos pobres, a Teologia da Libertação e a leitura popular da Bíblia.

A mais contestada de todas, a Teologia da Libertação, é aquela que mais pode encontrar sua justificativa. O povo da América Latina, seus países, a própria Igreja, estava vivendo um processo libertário, que precisava com urgência ser sustentando em suas motivações. Necessitava de uma "teologia da libertação", solicitada por um processo que o Concílio incentivava, de atenção para com os "sinais dos tempos", com a recomendação de assumir e abraçar as causas do povo.

Basta este breve aceno ao contexto histórico para nos darmos conta do tamanho das questões que uma avaliação do Concílio solicita. Ele foi um grande Concílio, e só com espírito grande é possível aquilatar a consistência de suas propostas, que ainda aguardam uma aplicação condizente com a sua profundidade.

# Perspectivas históricas

### (05 de agosto de 2016)

Com a sede de poder que tomou conta do grupo que está prestes a assumir a administração federal, emergem as propostas de solução, que vão sendo divulgadas de antemão, com o evidente intuito de torná-las irreversíveis.

A grande solução proposta é a privatização. Sua referência concreta é o "Estado Mínimo". Todas as políticas públicas seriam entregues à iniciativa particular. O Estado ficaria reduzido a atividades que absolutamente não poderiam ser assumidas por particulares. Até as cadeias deveriam ser privatizadas, dentro desta proposta rigorosa, que iria sacudir por inteiro a economia com a injeção dos recursos obtidos pelas privatizações.

Acontece que a proposta não para aí. Além de privatizar, abre-se claramente a possibilidade de que empresas nacionais, que vêm atuando em diversos setores da economia, possam ser compradas, inteiramente, pelo capital estrangeiro. De tal modo que não haveria nenhuma precaução de ordem estratégica. Tudo poderia ser vendido, sem perguntar se a compra é feita com capital estrangeiro ou não. As companhias aéreas por exemplo!

Não sei de que maneira estas propostas, de consequências tão graves, contam com respaldo político e são acompanhadas de um debate rigoroso, como o assunto merece.

Para tomar decisões tão radicais, os cidadãos precisam ser avisados e o assunto precisa ser debatido em todas as esferas do país. Para tomar estas decisões, é preciso ter credibilidade política. E convenhamos que os episódios recentes na esfera política mostraram, exatamente, um baixíssimo nível de credibilidade. Por isso, a urgência de soluções não autoriza aventuras de consequências irreversíveis.

As medidas propostas precisam ser olhadas em perspectiva ampla, de longo prazo, e não ser imediatistas e sem reflexão.

Vale a pena percorrer a história e perceber quantos tropeços foram acontecendo e quanto o Brasil ainda corre o risco de perder sua identidade, diluindo seu projeto de país soberano, onde os cidadãos têm consciência de pertencerem a esta pátria que ainda tem muito para ser consolidada e assegurada.

Tudo depende de como olhamos o conjunto da realidade brasileira. É um país onde podemos viver com liberdade e responsabilidade ou é um país para ser explorado, levando daqui suas riquezas, podendo ser abandonado sem compromisso?

Dá para entoar a história do Brasil em sucessivos "ciclos", todos eles marcados pela exploração. O ciclo do "pau-brasil", da cana-de-açúcar, da mineração, do café, da industrialização, até esta nossa época da financeirização do capitalismo, em que a pátria dos grandes capitais é a garantia de tirar proveito até das crises econômicas para assegurar ainda mais os seus ganhos.

Vale lembrar que a Vale* foi a primeira grande empresa a ser privatizada. Não se passaram vinte anos e o rompimento da barragem de Mariana mostrou bem quais foram seus critérios de investimento: não foi certamente a preocupação com o meio ambiente!

E agora, em meio a este ensaio de "plano econômico" mirabolante, já vai surgindo, à surdina, a proposta de uma adequada, refinada,

---

\* Até 2007, Companhia Vale do Rio Doce – CVRD. (N.E.)

higiênica privatização da Petrobras. A Petrobras se constitui no baluarte de nossa soberania nacional. Seria irresponsabilidade calar diante desta ameaça. É forçoso denunciar esta nova tentativa de privatizar a Petrobras.

# 2011: quem paga a conta?

(01 de janeiro de 2012)

O ano de 2011 se retira de cena. Parece com pressa de passar adiante a tocha da história. Quer se ver livre de compromissos, que ele deixa como herança para os anos que vêm pela frente, com a carga pesada que preanunciam.

De fato, o ano de 2011 pareceu mais destinado a anotar compromissos na agenda do que a cumpri-los.

Basta ver alguns deles, agendados para o Brasil.

De imediato, no mês de junho de 2012, a "Rio+20", o novo encontro das Nações Unidas sobres os desafios ambientais, na sequência da "Eco 92", de vinte anos atrás.

Para 2013, desta vez em julho, o encontro mundial da juventude, no Rio de Janeiro, evento que já cunhou a imagem de uma juventude que quer retomar o seu protagonismo, resgatando valores que nunca perdem sua importância.

Depois, 2014 será o ano da Copa do Mundo, que para nós é simplesmente a de futebol. Ela foi imaginada como uma espécie de convite geral a todos os países do mundo para virem, e verem, como está o nosso Brasil. O que iremos mostrar e o que ficará escondido?

Para o Rio de Janeiro, a ladainha de eventos continua, com o compromisso de acolher ainda os jogos olímpicos.

Tudo somado, quantos compromissos colocados na conta de outros anos, enquanto o 2011 se despede. Ele também se deparou com diversos eventos, mas a grande maioria deles ainda inconclusos, aguardando um desfecho definitivo. Para conferir, basta recordar alguns.

O Ocidente insuflou tanto a guerra civil na Líbia até conseguir que Kadafi fosse morto. E agora, a que serviu derramar tanto sangue? Quais eram os interesses de tantas partes envolvidas?

As populações árabes surpreenderam com suas manifestações massivas, clamando por mudanças, sacudindo arcaísmos, postulando abertura para valores da modernidade. E o que resultou de prático até agora?

Bin Laden foi morto numa cena de descarada vingança, que nos entristece como raça humana. Será que serviu alguma coisa para diminuir o ódio que fomenta radicalismos cegos e impiedosos?

O Papa declarou abertamente sua decepção com a crise de fé que atinge especialmente o continente europeu, onde o cristianismo plasmou a primeira civilização com sua marca registrada. Será que estamos acertando as providências para estancar esta hemorragia que ameaça debilitar ainda mais a "cultura cristã"?

Mas sobretudo no ano 2011 irrompeu de novo, com virulência multiplicada, a crise que se abate sobre a Europa, que já causou estragos em todo o "primeiro mundo" e que mostra ser muito mais profunda do que uma simples crise econômica. Na verdade, ela é uma crise de civilização, de um sistema que está mostrando seu esgotamento. Repensar um novo projeto de civilização não é tarefa simples, nem de um ano só. Provavelmente, as mudanças mais significativas e mais profundas só serão tomadas sob forte pressão dos fatos, como é de praxe acontecer na história.

Mas de uma coisa não podemos duvidar: a crise vai bater à porta do Brasil. Por enquanto, ainda temos algumas receitas tradicionais, que neutralizam os seus sintomas. Não vai demorar muito para nos depararmos com suas causas mais profundas e estruturais. Aí fica a pergunta, nada indiscreta: quem vai pagar a conta das mudanças a serem feitas? Certamente não dá para fazer como em outros tempos: capitalizar os lucros e socializar os prejuízos!

No acerto das contas, o primeiro critério é a justa proporcionalidade. Em todo caso, é bom começar o novo ano com o alerta bem ligado!

# Evangelho e vida

# Sob o signo da alegria

### (08 de dezembro de 2013)

Continua repercutindo o recente documento *Evangelii Gaudium* do Papa Francisco. É tido como o primeiro documento oficial escrito por ele em forma de "Exortação Apostólica pós-sinodal". A forma do documento remete ao Sínodo de 2012, realizado para comemorar os 50 anos do Concílio. Portanto, em princípio, o documento de agora recolhe as sugestões apresentadas no Sínodo. De tal modo que o documento mantém o propósito de continuidade entre um pontificado e outro.

Mas acontece que o Papa Francisco imprimiu neste documento o seu modo característico de abordar os assuntos, de maneira clara, direta, ao mesmo tempo simples e profunda.

Além disso, ele mesmo sugere estar iniciando "uma nova etapa evangelizadora marcada por esta alegria e indicar caminhos para o percurso da Igreja nos próximos anos".

Portanto, o Papa está apresentando agora, de maneira orgânica, uma espécie de "plano de governo", ao menos para os próximos anos.

É praxe na Igreja "carimbar" os documentos com palavras iniciais bem escolhidas, portadoras de uma mensagem que precisa ser interpretada com a luz de uma semântica própria, pela qual é possível decifrar o significado de um determinado documento.

O título desta "Exortação Apostólica" – *Evangelii Gaudium* – tem evidente conexão com o famoso documento de Paulo VI, a *Evangelii Nuntiandi*.

A semelhança das palavras sugere semelhança entre os dois documentos, seja na forma, seja no conteúdo. E, de fato, já dá para avançar uma perspectiva. O documento de agora será acolhido da mesma maneira como foi acolhido o *Evangelii Nuntiandi*, que permaneceu por muitos anos como fonte de inspiração para a ação evangelizadora da Igreja.

Mas a semelhança de palavras arma para a *Evangelii Gaudium* um leque maior de referências, que ajudam a dimensionar a importância deste documento.

Trata-se da palavra *gaudium*, que se tornou uma espécie de "senha" para acessar o Concílio. De fato, dá para fazer algumas constatações interessantes em torno do uso desta palavra no Concílio, para chegarmos à conclusão de que o atual documento do Papa vem na continuidade das propostas conciliares, que recebem agora novo impulso com a *Evangelii Gaudium*.

Vamos conferir. O Concílio Vaticano II teve o seu início oficial com o famoso discurso de abertura, feito por João XXIII. Este discurso começou com as bonitas palavras de exultação: *"Gaudet Mater Ecclesia"*, "Alegra-se a mãe Igreja".

E o último documento do Concílio, aprovado pelos padres conciliares a 7 de dezembro de 1965, leva como título: *Gaudium et Spes*.

Dessa maneira, dá para dizer que o Concílio começou e terminou à luz da palavra *gaudium*.

O Concílio Vaticano II foi realizado sob o signo da alegria.

Tanto mais se torna significativo o fato de o Papa Francisco ter usado esta palavra no título do seu "plano de governo".

Daí que a *Evangelii Gaudium* tem tudo a ver com a *Gaudet Mater Ecclesia* e com a *Gaudium et Spes*. O plano de governo do Papa Francisco tem tudo a ver com a implementação do Concílio, que ele tanto nos incentiva a levar em frente, seguindo o seu próprio exemplo.

# Insistência do Evangelho

(16 de junho de 2013)

Desde outubro do ano passado, a Igreja continua com os olhos fixos nas verdades da fé, que se constituem em fonte motivadora de sua existência e de suas incumbências. A Igreja sente-se detentora de um grande tesouro, que ela recebeu, e percebe que tem a incumbência de transmiti-lo para as pessoas de hoje e para as novas gerações que vêm surgindo. O Ano da Fé, proclamado com esta finalidade, está encontrando na "transmissão da fé" o seu desafio maior para a Igreja em nosso tempo. Foi sobre isso que os bispos reunidos em assembleia andaram pensando. Dada a complexidade do assunto, ele não se esgotará, mesmo depois que termine o Ano da Fé.

As inquietações são diversas. Como preocupação maior está a constatação pesada de que vai diminuindo a incidência da fé na vida concreta das pessoas. É normal que isto preocupe, ainda mais se comparamos a realidade de hoje com os tempos recentes, em que a fé católica parecia tranquila e segura.

Os bispos participam da missão dada aos apóstolos de "confirmar os irmãos na fé". Diante da angústia de muitos, ante a pesada missão que lhes foi confiada, trouxe um pouco mais de tranquilidade a reflexão em torno das condições de liberdade que a fé supõe e exige.

A fé é uma proposta que pode ser aceita ou pode ser rejeitada. Aliás, esta foi a primeira advertência feita por Jesus aos apóstolos, quando os enviou em missão.

Jesus fez questão de aliviar a preocupação dos apóstolos, em face da hipótese muito provável de que a mensagem deles não seria sempre aceita por todos.

Diante desta possibilidade, Jesus pediu aos apóstolos que não se preocupassem com a reação dos destinatários de sua mensagem. "Se não quiserem receber vossa paz, ela voltará para vós", explicou Jesus de maneira prática. Como gesto simbólico, chegou a aconselhar que sacudissem a poeira dos sapatos, para dizer que em nada se sentiam cúmplices da rejeição à mensagem.

Pois bem, parece estar faltando aos pastores de hoje esta tranquilidade recomendada por Cristo. O Evangelho não pretende impor nada. Nem ele existe para tolher a liberdade de quem quer que seja.

O que pode estar acontecendo é termos perdido o caráter de "boa notícia" que a própria palavra "evangelho" expressa. Ou, melhor dizendo, expressava. Pois acabamos perdendo o impacto que esta palavra tinha na boca de Jesus e dos seus apóstolos.

O fato é que a mensagem de Jesus trazia uma certeza e garantia uma perspectiva de esperança, fundada no desfecho feliz de sua pregação inicial, sinteticamente descrita por Marcos no início do seu Evangelho: "O templo se completou, o Reino de Deus está próximo, convertei-vos, e crede no Evangelho".

A palavra "Evangelho", usada agora, passa longe do significado autêntico que ela tinha. Pois queria dizer: "boa-nova", "alegre notícia", "mensagem feliz". Uma "boa notícia" que decorria de acontecimentos que estavam em ação, que vinham se desdobrando, compondo o vasto panorama de presságios ligados ao "tempo" que estava se cumprindo.

Tinha chegado a hora propícia para eclodir esta mensagem positiva. Mesmo que alguns a rejeitassem, ela era tão importante que precisava ser proposta também para os que eventualmente não a quisessem receber. "Sacudi a poeira que se juntou a vossos pés. Mas fiquem sabendo que o Reino de Deus está próximo."

Os acontecimentos continuam. Basta interpretar sua mensagem. Eles serão sempre sinais de alerta para acolher as propostas que o "Reino de Deus" nos apresenta!

# Portas abertas

(10 de novembro de 2013)

Estamos chegando na reta final do Ano da Fé. Iniciado em 11 de outubro de 2012, ele vai se concluir oficialmente no dia 24 deste mês de novembro. Ele foi instituído pelo Papa Emérito Bento XVI e será concluído pelo Papa Francisco. Sua motivação principal esteve ligada ao Concílio. Isto explica a data do seu início, no dia em que se completavam 50 anos da abertura do Concílio.

Todo documento oficial do Vaticano é identificado por suas primeiras palavras, que geralmente são escolhidas por evocarem, de maneira especial, o assunto principal do documento.

Desta vez, as palavras escolhidas foram: *Porta Fidei*, isto é: "A Porta da Fé".

Na verdade, é uma citação bíblica. Foram palavras usadas por Barnabé e Paulo, ao voltarem da primeira excursão apostólica em terras pagãs do império romano. Traziam a "boa notícia" de que "Deus abriu aos pagãos a porta de fé" (Atos 14,27). Na iminência de concluir este "Ano da Fé", nos damos conta de que a palavra "porta" se presta bem não só para celebrar um ano, mas para designar o novo espírito, a nova postura, o novo clima de relacionamento e de confiança trazido para dentro da Igreja, muito além das expectativas iniciais do Ano da Fé.

Vivemos agora sob o signo da porta aberta. Se Bento XVI, com a promulgação do Ano da Fé, usou as chaves de Pedro para abrir de novo a porta da fé, o Papa Francisco veio escancarar todas as portas.

De fato, a Igreja é desafiada hoje a abrir as portas, sem receio de ser invadida e perder sua identidade. Ao contrário, a Igreja se sente desafiada a acolher todos os clamores que surgem das situações concretas. A Igreja se vê na obrigação, como portadora do Evangelho, de ter para com todas as pessoas uma palavra de ânimo, de esperança e da certeza do amor de Deus.

Esta disposição de abrir as portas pode ser facilmente identificada com a decisão tomada pelo Papa Francisco de convocar um sínodo extraordinário sobre a família, em outubro de 2014.

O interessante é perceber que já havia um sínodo sobre a família convocado para 2015. Para que, então, um extraordinário sobre o mesmo assunto, em 2014?

Aí mora a estratégia do Papa Francisco. Este primeiro sínodo é para "escancarar as portas" dos problemas muito sérios e profundos que atingem hoje a família.

Com esta decisão, o Papa "abre a porta" para que sejam colocadas à mesa da reflexão todas as situações, mesmo as mais complexas e difíceis.

Não como alguém que só recorda os grandes princípios e com eles condena todos os que não os vivem em plenitude. Mas, isto sim, como alguém que escuta com atenção os problemas vividos hoje pelas famílias e se pergunta o que pode fazer para que continuem experimentando o amor que Deus tem para com cada pessoa, em qualquer situação que se encontre.

Assim se entende o grande elenco de questões sobre as problemáticas mais complexas e novas que atingem hoje a família, desde o divórcio, o casamento *gay*, os métodos contraceptivos, e tantas outras situações provocadas pelas 38 perguntas do sínodo, colocadas em aberto para todos os que quiserem expressar sua opinião.

Não é a Igreja que escolhe o "cardápio" dos problemas a serem enfrentados. Esses problemas são trazidos pela realidade. A Igreja reflete sobre eles, para entendê-los, sim, mas sobretudo para se perguntar o que pode fazer pelas pessoas que os vivem.

Ela olha a realidade sob a luz da Boa-Nova e sob o prisma da misericórdia a ser administrada em nome de Cristo.

# Tempo propício

(02 de junho de 2013)

Celebrado o Pentecostes, retomamos o "tempo comum". A palavra poderia ter conotação depreciativa, como se fosse um tempo desprovido de importância. Ao contrário, é o tempo oportuno, a época favorável, a hora boa para integrar em nosso cotidiano a abundância de graças que Deus nos proporciona.

Além do mais, neste ano que já nos surpreendeu com a renúncia de um Papa e com a eleição de outro, que desencadeou tantas esperanças, começamos a nos dar conta de que se aproxima a hora de comprovar a que veio o Papa Francisco.

Para completar o seu "batismo de fogo", ele precisa ainda passar pela prova de sua primeira viagem intercontinental, justamente aqui no Brasil, no próximo mês de julho.

Depois, começarão as cobranças. Até porque se trata de mudanças que se fazem logo ou não se fazem nunca, pela força de resistências históricas que suscitam.

O fato é que as esperanças voltaram e, quanto mais fortes, mais urgência demandam.

No diálogo com a samaritana, pelo visto, a colheita ainda estava longe. "Não dizeis: ainda quatro meses, e depois será a colheita?" (Jo 4,35). Portanto, ainda faltava bastante.

Mas para Jesus, diante da sede de salvação dos samaritanos, a colheita estava madura, era hora de meter a foice para colher o trigo. "Pois eu vos digo, levantai os olhos e vede os campos, como estão dourados, prontos para a colheita!" Jesus vivia com tanta intensidade sua missão que fundia os tempos que separavam suas etapas. De tal modo que, estimulado pelo presente que o empenhava por inteiro, ele antecipava o futuro e o vivia com igual intensidade e na mesma simultaneidade.

Quase dá para dizer a mesma coisa diante da intensidade de expectativas suscitadas pelo Papa Francisco. Com certeza, elas se depararão com dificuldades que levarão muito tempo para ser vencidas. Mas bastaria iniciar o processo para se tornar irreversível.

Por enquanto, a simpatia pelo novo Papa vai acumulando apoios, que a seu tempo se tornarão muito úteis para sustentar o processo de mudanças por ele já sinalizadas.

Verdade é também que não precisamos aguardar as iniciativas do Papa para fazer a nossa parte. Nós também podemos perceber que os campos estão maduros e somos desafiados a ser "operários para a colheita", que o dono da messe quer contratar!

O processo desencadeado pelo Concílio abriu muitas possibilidades de participação, que estão ao nosso alcance. A recente Conferência de Aparecida, onde o atual Papa deu sua preciosa colaboração, nos lembrou de que todos somos "discípulos e missionários de Jesus Cristo, para que nele todos os povos tenham vida".

Esta nossa identidade de cristãos ficou agora ainda mais aguçada pelo testemunho generoso do Papa Francisco, que mostra tanta coerência e lucidez em seus gestos e em seus ensinamentos.

"Quem sabe faz a hora, não espera acontecer." Parece chegada a hora de retomar o impulso renovador do Concílio Vaticano II.

O tempo é propício! Os ventos são favoráveis, e temos a certeza de que eles são verdadeiros "Buenos Aires!", que trazem a marca do Papa Francisco!

# O fim dos tempos

### (03 de novembro de 2013)

O assunto pode parecer sem sentido. Ou inadequado. Ou ao menos inoportuno. Mas não faz mal colocar algumas ponderações que encontram fácil justificativa no contexto de mais um dia de finados, seguido do dia de todos os santos.

Com estas duas celebrações, a intenção da liturgia é franca e sem rodeios. Ela nos convida a pensar no final da vida e no destino que nos aguarda após a morte. E, de maneira mais ampla, no presumível "fim do mundo", que a finitude da natureza nos garante como certo!

Dependendo de circunstâncias aleatórias, com frequência volta às manchetes a previsão de que o fim do mundo está próximo, às vezes até com data marcada.

Se olhamos com atenção o depoimento dos Evangelhos, percebemos que no tempo de Cristo havia um forte movimento escatológico. Ele se conectava facilmente com as grandes expectativas do povo de Isael, forjadas todas elas na esperança de uma manifestação divina em seu favor.

Podemos perceber a presença desta visão escatológica na breve síntese da pregação inicial de Jesus, que Marcos nos apresenta: "Completou-se o tempo, o Reino de Deus está próximo, convertei-vos e crede no Evangelho".

Assim fazendo, Cristo valorizava as expectativas do movimento escatológico, canalizando-as para a mensagem que ele tinha a transmitir. Como precisava alertar a todos para que se dessem conta do que estava por acontecer, ele aproveitava o clima de expectativa escatológica que servia para alertar o povo.

Enquanto o povo era motivado pelos presságios de grandes acontecimentos, Jesus aproveitava para confirmar que, de fato, estavam próximos eventos importantes, onde ele mesmo seria o protagonista principal, no contexto do "mistério pascal", que incluía sua paixão, morte e ressurreição.

Com esta finalidade Jesus assimilava o linguajar escatológico dos profetas, valendo-se dele para armar o cenário em que ele iria cumprir a missão recebida de Deus.

Ao mesmo tempo que utilizava o gênero literário apocalíptico, Jesus se empenhava em explicar que as expectativas dele eram bem diferentes das expectativas do movimento escatológico. Estas facilmente estreitavam as esperanças do povo dentro da visão acanhada de derrotas a infligir a vizinhos e inimigos.

Algumas passagens do Evangelho trazem com tanta ênfase as expectativas escatológicas de Jesus que pareceria ter-se equivocado. Pois ele chegou a afirmar: "Esta geração não passará, até que tudo isto tenha se cumprido" (Mc 13,30).

Sua vontade de cumprir por inteiro sua missão o levava a diluir as fronteiras entre o presente e o futuro.

Do ponto de vista da fé cristã, podemos olhar o futuro de nossa vida e do próprio mundo com serenidade. Pois o grande evento se realizou na pessoa de Cristo que, "uma vez por todas", ofereceu sua vida "em resgate pela multidão". Este é o grande fato que Jesus predizia e que a Igreja vive nas três dimensões do tempo: o passado, que é recuperado pela memória e se torna presente pela celebração, que por sua vez aponta o futuro, antecipando sua plenitude que um dia se manifestará.

Como Cristo, nós também vivemos as três dimensões do tempo, até o dia em que se tornará eternidade.

# As prostitutas e o Evangelho

Se por hipótese fossem perdidos todos os escritos do Novo Testamento, e só fossem encontradas as passagens do Evangelho que falam das mulheres, já seriam suficientes para testemunhar a extraordinária postura de Cristo e sinalizar o mistério que ele carregava. Como as pessoas que presenciaram suas ações de poder se perguntavam: "Quem é este a quem até os ventos e o mar obedecem", assim também, lendo os relatos da defesa que Cristo fez das mulheres pecadoras, poderíamos nos perguntar: "Quem é este homem que trata as mulheres com tanta dignidade e joga para longe os preconceitos que pesam sobre elas?".

Na verdade, as mulheres constituem uma página indispensável do Novo Testamento. Sem elas, o Evangelho ficaria empobrecido irremediavelmente. As crianças, os pobres e as mulheres, que eram os fracos e desprezados da sociedade, se constituem no caminho primordial da contestação fundamental lançada por Cristo à humanidade, com suas atitudes anunciadoras da nova ordem fundada no amor e na misericórdia: "A quem muito ama, muito será perdoado".

O Evangelho é povoado de mulheres, do começo ao fim. São elas que cadenciam os primeiros acontecimentos com as andanças de Maria e Isabel, grávidas da grande esperança do povo. No final, são ainda elas, "Maria Madalena e as outras mulheres", que madrugam na manhã da ressurreição, intuindo a certeza da vida nova cujo anúncio se tornaria para sempre o "Evangelho" a ser pregado ao mundo inteiro.

Mas é no pleno embate da própria missão de Cristo que aparece com mais evidência, e com mais convicção, a importância da mulher para a revelação dos desígnios de misericórdia que o Filho de Deus precisava anunciar e testemunhar. Para este testemunho, as prostitutas oferecem um contexto indispensável. Tanto assim que elas se tornam necessárias para o Evangelho de Cristo.

Podemos identificar dois lances paradigmáticos desta presença da "mulher pecadora", como contraponto da ação divina de Jesus. O episódio da "mulher apanhada em adultério", narrado no capítulo oito de João. E a "pecadora da cidade", que com suas lágrimas lavou os pés de Jesus na casa do fariseu Simão, conforme narra Lucas no capítulo sete.

Os dois episódios mostram com eloquência a dinâmica nova, diferente e surpreendente da misericórdia, capaz de superar a dinâmica da condenação, com a força de restituir às pessoas sua dignidade e devolvê-las para o respeito do convívio humano, livre de preconceitos e de maledicências.

Não deixa de ser significativo que Lucas coloque logo em seguida a esta narrativa, no início do capítulo oito, o seu testemunho a respeito das "diversas mulheres" que também acompanhavam a Cristo, junto com os "doze". No contexto do forte preconceito contra as mulheres, que marcava a sociedade, é uma evidente indicação da disposição do Evangelho de superar este condicionamento, fazendo da presença das mulheres um sinal da "Boa-Nova" que Jesus estava inaugurando.

Pois bem, as "prostitutas" foram para Jesus um caminho indispensável para o seu Evangelho. Elas precisam ser caminho de Evangelho para a Igreja também, se ela não quiser recair no farisaísmo que Jesus desmascarou.

"Eu não me envergonho do Evangelho", disse São Paulo (Rm 1,16). É neste contexto que ganha legitimidade a preocupação das beneméritas pessoas envolvidas na pastoral com as prostitutas.

Elas se perguntam pela maneira melhor de se identificar com a comunidade. Para se precaverem num terreno ainda carregado de tantos preconceitos, seja fora, seja dentro da Igreja, com pés de anjos se apresentam como fazendo parte da "pastoral da mulher marginalizada". Claro que já basta este eufemismo para eriçar os cabelos de muitos fariseus. Mas parece que o melhor mesmo seria sacudir de frente os preconceitos com a força do próprio Cristo e se valer deles para testemunhar que o seu Evangelho continua acontecendo, através da "pastoral das prostitutas".

As prostitutas honram o Evangelho pela maneira como acolheram a graça de Cristo. Elas honram toda comunidade que souber acolhê-las e aprender com elas a valorizar a misericórdia de Deus, com a força de transformação pessoal que ela possui.

# Iminente e eminente

## (12 de agosto de 2012)

No tempo de Jesus havia um forte movimento escatológico. Jesus aderiu a este movimento, colocando-o a serviço da urgência da mensagem que ele tinha a transmitir.

Causa surpresa a insistência dos apelos escatológicos de Jesus ao longo dos seus discursos. Fez até questão de garantir aos seus ouvintes que não morreriam sem ter visto o retorno do Filho do Homem.

"Em verdade vos digo, alguns dos que estão aqui não provarão a morte sem terem visto o Filho do Homem vindo com o seu Reino" (Mt 16,28).

Teria Jesus se enganado, ou ele estava usando a escatologia para transmitir outras mensagens?

Os solenes apelos que os Evangelhos registram, no início da pregação de Jesus, tinham claramente o caráter escatológico: "O tempo se completou, o Reino de Deus está próximo, convertei-vos, e crede no Evangelho" (Mc 1,15).

Esta adesão ao estilo escatológico tem sua razão de ser. O sentimento de que o fim está próximo é apelo que chama a atenção e desperta para realidades importantes.

Na verdade, através dos esquemas escatológicos, Jesus usava o "iminente" para expressar o "eminente".

384

O iminente é o que está próximo a acontecer.

O eminente é o que tem importância, tem consistência, tem valor.

O iminente pode ser negativo ou positivo. Pode estar iminente uma desgraça, como pode também estar iminente a solução de um problema.

Ao passo que o eminente está sempre ligado a realidades positivas.

Retornando aos Evangelhos, percebemos que Jesus, de fato, se valeu da dimensão escatológica, muito em voga naquela época, para colocá-la a serviço da eminente mensagem que ele tinha a transmitir, traduzida nas bem-aventuranças e na alegre certeza da misericórdia do Pai, que estava para se revelar de maneira especial no mistério pascal de Jesus.

Assim entendemos melhor as ênfases escatológicas de Jesus. Sua própria maneira de viver era uma parábola, a serviço da Boa-Nova que tinha a anunciar.

Hoje a escatologia está voltando. Muitos propagam, convictos, que está iminente o colapso do sistema vital em nosso planeta. E que só medidas radicais podem reverter o iminente cataclismo.

O exemplo dos Evangelhos pode ser muito útil, e bem razoável. A ecologia nos apresenta hoje a evidente necessidade do cuidado com a natureza, alertando-nos para a finitude dos seus recursos, que já estão no limite do seu equilíbrio. Este o alerta.

Mas como no tempo de Jesus, a sabedoria nos ensina a entender estes apelos como uma parábola, que traz uma importante mensagem que precisa ser decifrada com bom senso.

Pois, se em nome das preocupações ecológicas inviabilizarmos o sistema agrícola atual, então sim aceleraremos a catástrofe de dimensões globais que daí resultaria com a fome assolando bilhões de pessoas.

É o cuidado, por exemplo, que precisamos ter com o Código Florestal. Sobretudo para evitar que alguns de seus artigos equivocados venham desestimular, de vez, os pequenos agricultores de nosso país, responsáveis por mais da metade dos alimentos colocados à mesa dos brasileiros.

A escatologia vem bem até nos Evangelhos, contanto que seja interpretada com bom senso e responsabilidade.

# Será a idade?

## (29 de janeiro de 2006)

Fazer aniversário é bom. Nem tanto para somar mais um ano, mas para agradecer a Deus o dom da vida, que ultrapassa qualquer contagem de tempo. Agradeço a todos que nesta oportunidade me cumprimentam. Afinal, os cumprimentos são para dizer que a vida não nos pertence. Ela vai se tornando sempre mais um patrimônio comum e, de acordo com Cristo, "não é para ser guardada, mas para ser dada". Aprendi cedo a não me preocupar com a duração da vida e a jogar para longe a ideia da velhice. Mas, à força de tantos aniversários, começo a desconfiar que "estou ficando velho"!

Quando ainda estudante na Europa, fiz a experiência de trabalhar numa fábrica na Alemanha. Levei a pior. Depois de um mês, comecei a perder os cabelos. O ambiente era tóxico e não tomei as devidas precauções. Resultado: de um momento para outro, fiquei careca. Depois, lentamente os cabelos foram voltando, embora mais escassos do que antes. Com isso, assimilei uma importante lição: pouco cabelo não significa muita idade. Verdade é que, nestes dias, o cabeleireiro colocou um espelho para que eu pudesse ver como ele tinha caprichado no serviço. E me surpreendi constatando uma devastação maior que a da floresta amazônica. E agora, com certeza, a fábrica não tem nenhuma culpa!

Tempos atrás, quando ainda estava em plena forma atlética, aceitei prontamente participar do time de futebol que estava sendo improvisado na praia. Com ares de chefe, o dono da bola não só escalava os jogadores como colocava nome em cada um. Teve o desplante de me apelidar de "velho". Não contente com isso, fazia-se de técnico e de comentarista: "Olha o velho, cuidado com o velho". Na primeira trombada que dei nele, impus mais respeito. Agora, reconheço que já não tenho a mesma disposição. Nos breves dias de praia que me sobraram nestas férias, andei caminhando, e só tive a oportunidade de dar um pequeno chute para devolver a bola para uma criança que brincava na areia. Nem encontrei o dono da bola de outros tempos. Com certeza ele terá ficado velho. Será que eu também?

Visitando uma paróquia, o encanto da casa paroquial era a pequena menina, filha da secretária, que se fazia de recepcionista a todos que entravam. Cheguei acompanhado de alguns padres. A eles, a menina chamou de "tios". A mim, teve a gentileza de chamar de "vô". Fiquei encantado, vendo como uma criança tinha o senso teológico de distinguir o caráter episcopal, diferenciando-me dos padres. Lembrei-me do salmo, que sabiamente constata: "O perfeito louvor vos é dado pelos lábios dos mais pequeninos!". Mas depois constatei que chegou outro "vô", que certamente não era bispo. E me perguntei se a menina sabia mesmo o que seria um bispo!

Outro dia foi no aeroporto. Como sempre, cheguei no limite, já na hora do embarque. A fila era grande. Tive um mau pensamento. Como estava cansado, achei que podia me fazer de mal entendido e fui direto para a ponta dianteira da fila, imaginando a cara feia que me fariam os demais passageiros. Mas, ao contrário disso, fiquei surpreso com a gentileza de todos. Parecia até que me abriam alas. Foi aí que me dei conta da chamada que os alto-falantes estavam fazendo: "Têm preferência para o embarque mulheres grávidas, pessoas acompanhadas de crianças ou com deficiências, e pessoas idosas". Fiquei desconfiado. Será que, com minha pressa, desta vez passei por idoso?

Minha velha mãe, entre tantas lições bonitas, me ensinou a contar os dias da lua. Ultimamente, me vejo com frequência fazendo os cálculos, que me permitem acompanhar de perto o seu incansável ritmo de mudanças. Enquanto experimento também eu a calmaria do quarto minguante, tenho a impressão de estar pedindo carona na sua esteira inesgotável. Sinto o impulso de continuar fazendo cálculos, "até que a lua perca o brilho".

Por outro lado, vejo que é melhor não fazer tantos cálculos a respeito de minha vida. É preferível confiar no cálculo maior que Deus já fez. Na gratidão de constatar que, por bondade dele, fiz parte dos seus planos, vou cultivando a certeza de continuar nas suas contas, junto com todos os que a vida me deu a alegria de conhecer e amar.

Impresso na gráfica da
Pia Sociedade Filhas de São Paulo
Via Raposo Tavares, km 19,145
05577-300 - São Paulo, SP - Brasil - 2017